市场营销基础

主编　邓承忠　王子飞　谢丽仪

副主编　陈京华　葛景瑶　朱咏诗　吉美慧

电子工业出版社

Publishing House of Electronics Industry

北京·BEIJING

内 容 简 介

本教材以"理论+实践+思政"为核心，系统构建市场营销知识体系，聚焦市场分析、产品解析、价格策略、渠道优化、促销策略、物流保障、品牌塑造及营销新理念八大核心模块。

教材采用任务驱动教学法，融入 SWOT 分析、STP 定位、FABE 产品介绍法等经典工具，结合新媒体平台实战、渠道方案策划等技能实训，强化市场调研与策略制定，特别融入"绿色营销"等元素，讲好中国品牌故事，培养职业素养与社会责任感。教材紧跟数字化趋势，覆盖 AI 营销、新媒体营销等前沿领域，兼顾传统与创新，助力学习者提升岗位胜任力，成长为"懂市场、精技能、有担当"的复合型营销人才。

本书可作为高等职业院校市场营销、汽车营销、电子商务、跨境电商、国际贸易、商务英语等专业和其他财经类专业的教材，也适用于在职市场营销、电子商务、国际贸易等专业人员的业务学习和培训。

图书在版编目（CIP）数据

市场营销基础 / 邓承忠，王子飞，谢丽仪主编.

北京：电子工业出版社，2025.7. -- ISBN 978-7-121-50893-6

Ⅰ. F713.3

中国国家版本馆 CIP 数据核字第 2025539Q8Y 号

责任编辑：吴　琼
印　　刷：北京建宏印刷有限公司
装　　订：北京建宏印刷有限公司
出版发行：电子工业出版社
　　　　　北京市海淀区万寿路 173 信箱　邮编　100036
开　　本：787×1 092　1/16　印张：10.5　字数：262 千字
版　　次：2025 年 7 月第 1 版
印　　次：2025 年 7 月第 1 次印刷
定　　价：45.00 元

前 言

在数字经济与人工智能深度融合的时代背景下，市场营销人才始终紧缺，相关专业也成为高校的重点建设领域。为让学生快速领悟营销精髓、夯实专业技能、适应数智时代的需求，我们精心编写了这本立足时代前沿、聚焦能力培养、融合教学创新的《市场营销基础》，致力于为新时代学子与社会学习者搭建一条掌握营销核心技能的高效通道。

本书以数字经济建设为导向，深度融入行业发展新趋势，既适配市场营销、电子商务等"双高"专业群建设需求，也可作为国际贸易等相关专业的基础课程教材。特别响应国家"传统文化融入高校教学"的指导思想，在讲好中国故事的过程中增强文化自信，为专业课程思政建设提供全新范式。

编写团队汇聚一线教学骨干，秉持"以学生为中心"的理念，将多年教学经验与企业人才需求深度结合。

本书特色如下：

- 逻辑设计：遵循"从营销现象到本质剖析"的认知规律，以供应链产业特色贯穿全书，构建由浅入深的知识体系；
- 教学创新：采用"项目引领+任务驱动"模式，实现"学中做、做中学"的深度融合；
- 时代接轨：聚焦 AI 营销、新媒体运营等前沿领域，助力学生无缝对接数智化营销场景。

本书由广东财贸职业学院的邓承忠、谢丽仪，广东工商职业技术大学的王子飞担任主编，广东财贸职业学院的陈京华、葛景瑶、朱咏诗、吉美慧共同参与编写。特别感谢电子工业出版社的鼎力支持与编辑团队的专业建议，使本书更加完善。

由于编者水平有限且时间仓促，书中难免存在疏漏，恳请广大读者批评指正。我们将持续优化完善，助力更多学习者成为"懂市场、精技能、有情怀"的新时代营销人才。

编 者
2025 年 4 月

目 录

充分了解市场

学习指南

工作任务	掌握市场营销理念	教学模式	任务教学法
建议学时	8 学时	教学地点	多媒体教室
学习目标	知识目标	1. 掌握市场及市场营销的概念 2. 掌握市场的分类 3. 掌握市场分析方法中的 SWOT 分析法	
	能力目标	1. 具备通过多种信息化平台自主学习的能力 2. 具备解决实际问题的能力 3. 具备独立思考和自主学习的能力 4. 具备逻辑思维和严谨分析的能力 5. 具备市场营销的基本概念和基础技能 6. 具备运用 SWOT 分析法进行分析的能力	
	素质目标	1. 具备进取意识、规范意识 2. 具备思考能力、市场分析能力 3. 具备团队协作意识 4. 具备自控力和自我管理能力	
关键词	市场；市场营销；SWOT 分析		

思维导图

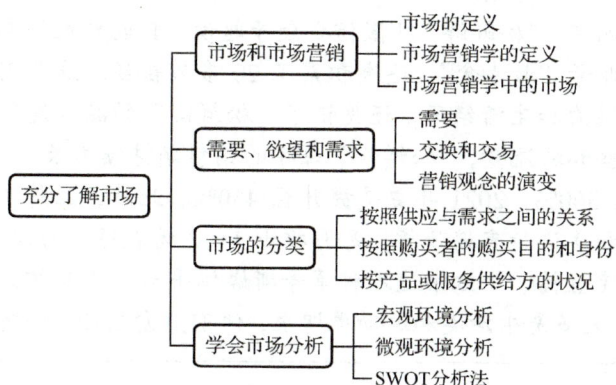

市营文化

我国古代思想家杨朱曾言："伯成子高不以一毫利物，舍国而隐耕；大禹不以一身自利，一体偏枯。古之人损一毫利天下不与也，悉天下奉一身不取也。人人不损一毫，人人不利天下，天下治矣。"其意指，即使将整个天下和社会交予我，我也不会接受。若每个人只关注自身利益而不侵害他人，那么天下自然太平。

杨朱主张的思想强调个体的自我保全和对个人利益的尊重，认为当每个人都能充分尊重自己的利益、不随意牺牲自我去迎合他人或外界要求时，社会反而能达到一种自然和谐的治理状态。这与儒家等学派积极倡导为天下、为他人奉献的观念有所不同。杨朱的思想与亚当·斯密的理性自利理论有着相似之处，类似于市场交易的内在逻辑：每个人都追求自身利益，并通过相互交易，使社会达到和谐与繁荣。

任务一　市场和市场营销

案例 1-1

调味品行业的黑马："松鲜鲜"的异军突起

"松鲜鲜"是松茸调味的开创者，全网累计拥有超过 100 万深度粉丝，调味料月销量超过 30 万包，在抖音调味品排行榜中位列第二，仅次于海天。2020 年，"松鲜鲜"销售额突破亿元，摘得天猫松茸调味类目销量第一。"松鲜鲜"是如何挑战鸡精巨头，成为松茸调味第一品牌的呢？这离不开有创意的产品卖点和新媒体营销的双重助力。

就产品卖点而言，"松鲜鲜"的核心定位是"用松茸替代鸡精和盐"，切入了健康调味品这一新赛道。"松鲜鲜"以"松茸提鲜"切入市场，其品类定位精准抓住了消费者对调味品的痛点。在摒弃各种添加剂的基础上，不断延展产品矩阵，致力于打造"健康、零添加"的高端调味品品牌。在赛道选择上，"松鲜鲜"并没有从"健康鸡精"切入，而是另辟蹊径，选择了一条少有人走的路：摒弃各种添加剂，采用松茸等天然食材调味，开创了松茸健康调味的新赛道。

就新媒体营销而言，"松鲜鲜"从微信公众号起步，其创始人早期运营了一个专门针对素食人群的垂直账号"教素食"，逐渐积累了 20 多万粉丝。这些用户不仅了解创始人的研发故事、人格魅力和生活经历，还见证了"松鲜鲜"的品牌发展历程，因此用户黏性非常高。凭借这些私域流量，"松鲜鲜"每年的销售额持续增长，已超过 3000 万元。2020 年复购率达到 300%，2021 年更是提升至 450%。此外，品牌还在各平台邀请超级 KOL（关键意见领袖）进行直播带货，每月推出 1~2 场直播。与此同时，"松鲜鲜"还通过抖音直播、淘宝直播、小红书达人种草等新媒体平台，不断扩大品牌声量。与"松鲜鲜"合作的 KOL 大多是生活类和运动类博主，他们热爱生活，向粉丝传递积极向上的状态，这与"松鲜鲜"所传达的"天然、健康"的品牌理念相契合。通过这种方式，品牌精准定位消费群体，在盈利基础上不断加大投放力度。

从消费者的痛点出发，挖掘健康调味品这一新赛道，率先提出"用松茸替代鸡精和盐"这一卖点，并通过新媒体营销快速提升知名度，使"松鲜鲜"成为健康调味品中的佼佼者。

✅ 一、市场的定义

在了解市场的作用之前，我们需要明确什么是市场。在经济学中，市场被定义为"所有卖方和买方实现商品让渡的交换关系的总和，是各种错综复杂的交换关系的总体"。换句话说，市场的概念是指买方和卖方进行交易的场所，同时也是各种复杂的交换关系的总和。

✅ 二、市场营销的定义

市场营销（Marketing）这一概念诞生于 20 世纪初的美国，我国于 20 世纪 90 年代引入，并在多所高校先后设立市场营销专业。对于市场营销学的定义，学术界提出了许多不同的观点。

美国市场营销协会（American Marketing Association，AMA）将市场营销定义为：引导货物和劳务从生产者流向消费者或用户的企业商务活动过程。被誉为"现代市场营销学之父"的美国经济学教授菲利普·科特勒认为，市场营销是通过创造和交换产品和价值，使个人或群体满足欲望和需求的社会过程和管理过程。被誉为"现代管理学之父"的彼得·德鲁克提出，营销的目的在于认识和了解客户，让产品或服务符合他们的需求，从而实现自我销售。换言之，彼得·德鲁克认为营销是让推销成为多余，着眼于客户需求，以长远目标规划企业销售。还有其他学者认为，营销是在适当的地点、适当的时间，以适当的价格，通过适当的信息沟通和促销手段，将适当的产品或服务出售给适当的消费者。

关于市场营销的定义有很多，但其核心都强调通过市场交换满足消费者的需求，从而实现组织目标。本书将市场营销定义为：**营销者与购买者之间的有效交换过程，主要通过产品交换或提供服务满足顾客需求并创造企业利润的过程。**

✅ 三、市场营销学中的市场

市场营销学中的市场，指的是顾客需求的总和，也就是对企业产品有需求的购买者和潜在购买者的总和，特指买方市场。 一般来说，买方的需求构成市场，卖方的供给构成行业。因此，市场包含 3 个主要因素：有欲望的顾客，比如口渴时需要喝水，这时顾客想要喝水；购买意愿，比如口渴时需要喝水，并且想买水解渴；满足需求的购买力，比如口渴时想买水解渴，并且有足够的钱买水。当这些条件都满足时，此时的矿泉水便有了市场，能够满足顾客需求，同时为企业创造利润。因此市场营销学中的市场，用公式表示为：

$$市场=有欲望的顾客+购买意愿+购买力$$

构成市场的三个要素需要同时满足，缺一不可。只有这三个要素同时存在，才能构成市场，也才能决定市场的规模和容量。

举例来说，舒客作为口腔护理品牌，从推出至今，在口腔护理领域一直广受消费者欢迎。当其他牙膏品牌还专注于牙膏的美白、防蛀等功效时，舒客牙膏率先提出了帮助解决口腔问题的产品理念，其牙膏产品在市场上广受欢迎（如图 1-1 所示）。此外，其电动牙刷产品（如图 1-2 所示）也在市场上占据了较高的市场份额。那么，舒客电动牙刷是如何获得成功的呢？

图 1-1　舒客牙膏

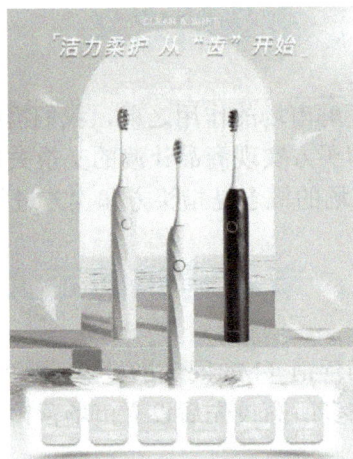

图 1-2　舒客电动牙刷

首先，具有欲望的顾客。早在 2015 年上半年，尼尔森数据显示，中国口腔护理市场增速为 6.6%，其中"电动牙刷"的增速最快，高达 83.1%。这表明愿意尝试电动牙刷的人越来越多。

其次，足够的购买意愿。国内消费者口腔健康意识的提升、家庭可支配收入的增长、个人形象管理对"牙值"的重视，以及对更好产品的追求，推动了消费升级进程。随着生活节奏的加快，消费升级和生活观念的改变等多种因素共同作用，使健康消费成为当前重要的消费趋势之一。

最后，足够的购买力。我国消费者现在对口腔健康越来越重视，并且追求真正优质的产品。随着居民生活水平和收入水平的提高，消费者逐渐开始消费升级，愿意花更多金钱购买更优质的产品。

任务二　需要、欲望和需求

一、需要

需要（Need）是指个体由于缺乏某种东西而产生的生理或心理上的不平衡状态。在人脑中的定义，它是一种基本范畴。例如，人饥饿时会产生对食物的需要。这些需要不是由社会或营销者创造出来的，而是存在于人们的心理特征和生存条件中。

1. 欲望

欲望（Want）是指个体针对具体对象产生的强烈需要，是满足需要的一种特殊消费形式。例如，人口渴时会产生对水的需要，这种需要并不区分品质和品牌。然而，欲望则不同，欲望是针对具体对象产生的强烈需要，有时会区分品牌且更加具体。对于不同的人来说，相同的需要可能表现出截然不同的欲望。例如，对于穿衣服这件事，有的人追求时尚前卫、不计较价格，而有的人则追求实用性和性价比。

2. 需求

需求（Demand）是指具有支付能力且愿意购买某个具体产品的欲望。例如，当人们有能力并且愿意购买舒适的住宅时，对某个具体品牌的欲望就成为需求。企业进行市场营销时，不仅要考虑有多少人想要他们的产品，更需要了解有多少人是实际需要且有能力购买这些产品的。换句话说，企业应当满足消费者的需求，避免将消费者的欲望误认为需求，从而给企业带来损失。

案例 1-2

某零售企业近期通过数据发现当前生产领域的利润越来越薄，于是决定转向其他生产领域。他们经过反复思考后，选择了生产食品。经过寻找，他们发现了一个专利产品——方便汤。方便汤是一种冲泡即可食用的方便食品，品种包括紫菜汤、三鲜汤等。

在正式生产前，该企业请了一家公司进行市场调研，采取抽样调查法，调查了 CD 市的 2000 人。结果显示，在回答"品尝了本产品后，你觉得味道如何"这一问题时，回答"味道很好"的占 80%，"味道还可以"的占 12%，"味道不太好"的占 8%。在回答"你是否愿意花钱购买本产品"这一问题时，回答"愿意购买"的占 87%，回答"不愿购买"的占 8%，回答"不清楚"的占 5%。

根据调查结果，该公司认为：CD 市城市人口有 300 万人，87% 的人愿意消费，取其整数 80%，每人每年仅消费一碗，就有 240 万碗，每碗赚 0.5 元，就有 120 万元利润。如果开发 10 个像 CD 这样的城市，就可以赚到 1200 万元。

然而，当销售人员迫不及待地把产品推向市场时，结果却无人问津，完全不像调查时显示的有高达 87% 的人愿意购买。公司立即陷入困境。企业百思不得其解：是产品不好吗？品尝结果都认为好。是没有市场吗？调查结果显示大部分人都愿意买。是销售不利吗？企业进行了不遗余力的强力推销。是决策错误吗？企业请了专业公司进行调查。是调查结果有假吗？企业派了专人与调查公司共同参与调查。

那么，方便汤的问题出在哪里？

产品有没有市场取决于是否满足消费者的需求。对于方便消费者而言，方便汤缺少消费条件。比如，方便面里通常会有汤；在家做饭时，人们也会自己做汤；在饭馆吃饭，更可以直接点汤。对于普通消费者而言，他们可能有这个欲望，想要有这样一款产品，但这种需求的实际情况较少，方便汤的消费条件较弱。

但是，方便汤可以另辟蹊径，销售给餐馆、快餐厅等（中间商市场），便于制作。

所以，从事营销工作需要清楚产品的目标顾客，满足目标顾客的需求，尤其需要善于发现目标消费者自己都未察觉的需求。

二、交换和交易

交换是指向他人提供其所需之物或价值，以换取相应价值的实物或服务的行为。早在远古时期，人们便开始采用"以物易物"的方式获取所需的物品。随着货币的出现，这种方式逐渐转变为使用货币进行交易，以购买不同的商品。

交易是指买卖双方之间的价值交换行为，通常包括货币交易和非货币交易。达成交易不仅要求双方都拥有对方所需的价值，还需要具备双方同意的交易条件、时间和地点，以及交易的法律保障和承诺。

三、营销观念的演变

伴随着时代的进步和市场营销学理论的发展，营销观念主要经历了 5 个阶段的演变，即从传统的生产观念、产品观念、推销观念逐步演变为现代的市场营销观念和社会营销观念。

1. 生产观念

生产观念是最早出现的一种营销观念。我国 19 世纪末至 20 世纪初盛行生产观念，当时的背景是社会生产力较为落后、产品相对匮乏，市场处于供不应求状态。因此，企业只要能生产出价格合理的产品，就不愁没有销路，企业作为卖方占据着有利地位，市场属于卖方市场。生产观念认为，消费者喜欢那些可以随处买到且价格低廉的产品。因此，企业应该通过规模经济效益，提高产量，降低成本，以赢得更大的市场。

生产观念不是从消费者的需求出发，而是从企业的生产出发，主要表现为"我生产什么，就卖什么；我卖什么，消费者就买什么"。企业经营者最关心的是扩大生产规模、提高生产效率、降低生产成本、提高销量。

2. 产品观念

随着社会生产效率的不断提高，市场开始出现供过于求的不利局面。在这种情况下，企业如果仍然坚持实行生产观念，必将造成大量产品滞销，从而陷入困境。此时，企业经营者认为消费者喜欢高质量、多功能且具有某些特色的产品，因此企业应致力于生产优质产品，并不断加以改进，使之日趋完美。这样，企业的产品才能拥有足够强的竞争力并得到消费者的青睐。这种营销观念被称为"产品观念"。

产品观念产生于 20 世纪 30 年代，企业期望以质取胜，比生产观念更先进。但与生产观念一样，产品观念同样没有充分考虑消费者的需求和欲望。所谓优质产品，往往并非消费者真正需要的产品。实行产品观念的企业，往往过度沉醉于自己的产品品质，而不是专注于研究市场，这导致其容易在营销管理中缺乏远见，患上所谓的"营销近视症"（Marketing Myopia）。

"营销近视症"是著名市场营销专家、美国哈佛大学商学院的西奥多·莱维特教授在 1960 年提出的一个理论。"营销近视症"指的是不适当地将主要精力放在产品或技术上，而不是放在市场需求上，从而导致企业失去市场和竞争力。这是因为产品只不过是满足市场需求的一种媒介，一旦有更能充分满足市场需求的新产品出现，现有的产品就会被淘汰。

同时，消费者的需求是多种多样且不断变化的，并不是所有消费者都偏好某一种产品或价高质优的产品。

3. 推销观念

推销观念产生于 20 世纪 30 年代。当时的市场背景是：一方面，西方发达国家在工业革命后，生产力得到空前发展，产品生产规模扩大，品种日益增多；另一方面，世界性经济危机的爆发使整个社会的购买力水平大幅下降，市场开始向"买方市场"转变，竞争变得异常激烈。企业开始认识到，要在激烈的竞争中求得生存与发展，不能只抓生产，必须重视推销工作。

持有推销观念的企业认为，消费者通常会表现出一种购买惰性或抗拒心理，如果不采取某种措施，消费者一般不会足量购买某企业的产品。因此，企业必须进行大量推销活动，以刺激消费者采取行动。持有这种观念的企业还认为，企业的销售成果与推销的努力程度密切相关，企业应高度重视对推销人员的培训，提升其销售技巧，以提高成交率。推销观念可简单概括为"我卖什么，消费者就买什么"。这种观念与生产观念和产品观念一样，没有将满足消费者的需求和欲望作为开展营销活动的基础，因此仍属于传统营销观念。

4. 市场营销观念

市场营销观念产生于 20 世纪 50 年代中期，这种观念的出现可谓是企业经营思想的一次革命。当时的背景是欧美各国的军事工业迅速转向民用工业，工业品和消费品生产的总量随之剧增，导致生产相对过剩和市场竞争日趋激烈。此时，越来越多的企业开始认识到传统营销观念已不再适用，它们开始关注消费者的需求和欲望，并研究其购买行为。这一观念上的转变是市场营销理论的一次重大变革。

市场营销观念认为，实现企业营销目标的关键在于满足消费者的需求和欲望，可通俗地理解为"消费者需要什么，企业就生产什么"。市场营销观念摒弃了以企业为中心的指导思想，取而代之的是以消费者为中心的营销理念。持有市场营销观念的企业将管理重心放在善于发现和了解目标消费者的需求，并千方百计地去满足，从而实现企业的目标。因此，企业在决定其生产经营方式前，必须进行市场调研，根据市场需求及企业自身的条件选择目标市场，组织生产经营，最大限度提高消费者满意度。该观念以消费者为中心，以满足消费者的需求和欲望为营销活动的基本出发点，较此前的生产观念、产品观念和推销观念无疑更具积极意义。

例如，诚品书店的成功也源于其市场营销观念满足了消费者的需求。在网络营销和电子图书冲击的影响下，传统书店集体遇冷。传统书店要生存下去，就必须另辟蹊径。诚品书店也经历了从传统书店的经营模式转变为现在的体验式消费。它借鉴了快消行业的营销推广方式，包括客户引导、热点推荐、促销活动等。诚品书店不仅销售书籍，还提供自己的图章、本子、笔，甚至是挂饰、充电器等小物件。这些商品只能在诚品书店购买，这增加了诚品书店的附加值和纪念性，同时促进顾客对诚品书店文化的理解和融入。除此之外，诚品书店还为读书人提供了一站式体验服务（如图 1-3 所示）。这里不仅是买书和看书的圣地，同时还引入了符合读者品位的创意服务和餐饮服务。读书之余，品一杯咖啡，不失为惬意生活的一种享受。诚品书店从连亏 15 年到开设 46 家门店，转型这一战略手段功不可没。

图 1-3　诚品书店

5. 社会营销观念

社会营销观念形成于 20 世纪 70 年代。这一时期，全球经济在快速发展中出现了诸多问题。如果企业仅施行市场营销观念，以满足个体消费者的需求为宗旨，可能引发资源浪费、环境污染以及损害广大消费者利益等问题。为了解决市场营销与社会利益之间可能发生的矛盾，西方学者提出了社会营销观念。社会营销观念是对市场营销观念的扩展和修正，是市场营销观念的新发展。社会营销观念认为，企业的生产经营活动不仅要满足消费者的需求和欲望，还要符合消费者和社会的长远利益，以实现满足消费者需求、维护社会长远利益、获取企业利润这 3 个方面的统一与平衡，如图 1-4 所示。其核心理念是企业通过使消费者满意及增进社会公众的长期福利而获利。

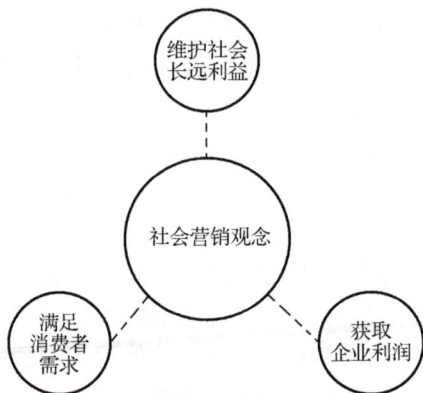

图 1-4　社会营销观念中的利益均衡

国产咖啡品牌 Manner 为减少一次性塑料杯使用时间短、使用后不可回收所造成的大量资源浪费和环境污染问题，自 2015 年成立以来，就推出"自带杯减 5 元"的营销活动。2023年 11 月，年轻消费者发起的话题活动#"带着锅碗瓢盆去 Manner 打咖啡"#曾在小红书、微博等新媒体平台爆红，众多年轻网友在网络上分享自己携带有趣自带杯在 Manner 咖啡购买饮品的图片，如图 1-5 所示。Manner 咖啡的这一营销活动不仅从价格上让利给消费者，使消费者能够以更低的价格享受同等的产品，还有助于减少资源浪费和环境污染。因此，Manner 咖啡受到年轻人的广泛好评。年轻消费者纷纷带着各种有趣的容器前往 Manner 咖啡购买饮品，并拍照留念后分享在小红书、微博等新媒体平台。这一活动在当时风靡网络，备受赞誉。

图 1-5 Manner 咖啡的"自带杯减 5 元"活动推广图

除了以上 5 种营销观念，菲利普·科特勒还提出了全面营销的观念。他认为，企业的营销"应贯穿企业运作的各个方面"，包括关系营销、整合营销、内部营销和绩效营销。企业需要采用更具整体性、更具关联性的方法来开展营销活动。

任务三　市场的分类

一、按照供应与需求之间的关系

按照供应与需求之间的关系，可以将市场划分为买方市场和卖方市场。

在商品和服务市场上，供应与需求之间的状况一般可以分为三种：一是供应小于需求；二是供应等于需求；三是供应大于需求。然而，在市场经济条件下，供应完全等于需求几乎不可能。因此，根据供应与需求之间的关系，可以将市场划分为卖方市场和买方市场。

卖方市场是指在商品和服务交易过程中，卖方占据主导地位的市场。卖方市场形成的条件是：市场上商品或服务短缺，供应量小于需求量，消费者只能被动接受卖方的商品，无法提出个性化的要求，甚至消费者之间还要彼此竞争以获得商品或服务。

买方市场是指在商品和服务交易过程中，买方占据主导地位的市场。买方市场形成的条件是：市场上商品和服务种类丰富，供应量远远超过需求量，商品和服务的价格呈现下降趋势。在买方市场条件下，卖方为了实现经济利益，努力改进生产技术，改善经营管理，调整经营战略，优化产品结构，增强服务意识，积极占领和开拓市场，为销售商品或服务展开激烈竞争。

二、按照购买者的购买目的和身份

按照购买者的购买目的和身份，可以划分为消费者市场、生产者市场和中间商市场。

消费者市场又称最终消费者市场、消费品市场或生活资料市场，由为满足自身及家庭成员生活消费需要而购买商品的消费者组成。消费者市场是企业乃至整个经济活动服务的终极市场。

生产者市场又称产业市场或工业市场，由那些购买货物和劳务，并用于生产其他货物和劳务，以出售或出租给他人的个人或组织构成。生产者采购货物和劳务不是为了个人消费，而是为了加工生产其他产品，以便出售或出租，从中获取收益。例如，一位购买面粉给家人做包子的母亲是消费者市场中的一员，而购买面粉生产包子并售卖的包子铺则是生产者市场的购买者。

中间商市场又称转卖者市场或再售者市场，是指以营利为目的进行转卖或出租业务的个人或组织。例如，批发商和零售商。批发商从厂商处购买产品或服务，但并不是为了自己消费，而是转手卖给零售商或最终消费者。同样，零售商从厂商或批发商处购买产品或服务，再售卖给最终消费者。

三、按产品或服务供给方的状况

按产品或服务供给方的状况，即市场上的竞争状况，可分为完全竞争市场、完全垄断市场、垄断竞争市场和寡头垄断市场。

完全竞争市场：买卖双方的数量均为无数，此时产品完全同质，因此买卖双方都是价格的接受者，双方都不能影响价格。典型代表是农产品市场。

完全垄断市场：在这种市场中，卖家数量唯一，卖家制定价格，买方则为价格的接受者。

垄断竞争市场：这一市场类型中，卖家的数量仍然很多，但不再是无数。卖家的竞争方式是尽可能扩大自己与竞争对手的差距，使自己的产品与竞争对手的产品有所不同。典型代表是轻工业产品和零售业市场。

寡头垄断市场："寡头"即"少数的卖者"，这一市场类型属于卖方市场，最大的特点是定价方式由卖家共同商量得出，而此时价格通常是消费者可以接受的最高价格。典型代表行业包括一些西方国家的汽车行业、石油行业和航空领域等。

任务四 学会市场分析

一、宏观环境分析

宏观环境是指影响行业和企业的外部环境因素。宏观环境分析主要是针对影响行业和企业的政治（Political）环境、经济（Economic）环境、社会（Social）环境和技术（Technological）环境进行分析，也被称为 PEST 分析。这些外部环境因素大多对企业来说是不可控的，企业需要顺应外部环境的变化，及时做出调整，才能在变化的市场中占据一席之地。

1. 政治环境

政治环境主要指外部的政治形势和政策法规对企业产生的影响。政治环境分析可以进一步细分为政局环境分析、政体环境分析、政策环境分析和法律环境分析。外部政治形势和政策法规的变化，有时可能为企业带来新的机遇，有时也可能使企业陷入困境。企业需要及时了解政治环境，以便迅速应对。

2. 经济环境

经济环境主要指居民的实际收入水平以及受收入水平制约的实际购买能力。市场的销售规模不仅取决于人口规模，还受到实际可支配收入的影响。经济环境分析可以进一步细分为人口分析、收入分析、消费分析和家庭分析。人口分析主要包括人口总数、人口结构和人口变化。收入分析主要包括可支配收入的分析。消费分析包括消费倾向分析（消费支出在可支配收入中的占比）、消费结构分析（各类消费对象在总消费中的占比）、消费顺序分析（各类消费对象在消费时间上的顺序）。家庭分析是指个体处于不同家庭状态时的消费习惯分析，主要包括单身期（短期性、随意性、时尚性）、新婚期（金额大、成套化、短期性）、满巢期（实惠性、计划性、教育性）、空巢期（补偿性、理智性、保健性）、孤独期（健康性、被动性、压缩性）。

3. 社会环境

社会环境也称为社会文化环境，是指影响人们消费方式的传统风俗习惯、行为规范、思维方式和价值观。不同文化圈中的人们在生活习惯和生活方式上存在较大差异，企业需要根据目标客户所处的社会环境制定匹配的市场营销策略。社会文化环境的内容非常广泛，例如某国或某地区的教育状况、宗教信仰、价值观念、消费习惯、审美观念等，这些因素对企业的产品开发、商标设计、广告宣传、服务内容等方面都有影响。

4. 技术环境

技术环境是指科技进步给企业与市场带来的改变。例如，随着网络信息技术的普及，人们的购物方式发生了巨大的变化，由线下购物逐渐转变为线上购物。同时，由于移动网络的普及，线上购物的方式也在不断演变，从最初通过文字评论购物，发展到通过图片评论购物，如今又逐渐转变为通过直播购物。科技进步对传统消费模式造成了冲击，企业如果不能及时学习并加以利用，就很容易在激烈的市场竞争中被淘汰。

二、微观环境分析

微观环境是指影响企业经营的行业内部环境，具体包括企业自身、供应商、中间商、竞争者和消费者等因素。企业在经营过程中，首先需要管理好自身内部，同时协调供应商和中间商的关系，并关注竞争者动态，对其营销策略作出反应，最终满足消费者需求，从而为企业带来利润。

1. 企业自身

一个企业往往由多个部门构成，这些部门共同运作才能维持企业的正常运转。企业内部环境的优劣将直接影响企业的经营状况。例如，先进的技术专利和高效率的办公软件能够显著提升企业的竞争力，而陈旧的财务系统和落后的生产力则可能对企业的发展形成阻碍。因此，企业自身的内部环境非常重要。各个职能部门如营销、研发、采购、生产、财务和后勤需要相互协同、步调一致，才能促进企业更好地发展。

2. 供应商

供应商是指向企业提供生产经营所需资源的组织或个人。供应商提供的资源种类繁多，一般包括原材料、设备、能源、劳务、信息、资金及其他生产要素。供应商的稳定性和及时性、供应货物价格的经济性，以及所提供资源的质量保证，都将直接影响企业的生产、利润和产品质量，从而影响企业营销方案的实施。

3. 中间商

中间商是指在企业经营活动中，连接企业和消费者的中间服务机构，比如批发商、分销组织、营销服务机构（如市场调研公司、广告公司、咨询公司等）以及金融机构（如银行、保险公司等）。企业在从事经营活动的过程中，会涉及许多中间环节，这时就需要中间商的协助，以便企业能够更好地实施营销活动。

4. 竞争者

竞争者是指在市场上与企业存在资源争夺关系的其他组织或个人。在市场经济条件下，企业在经营过程中会面临众多竞争者。企业能否在市场中占有一席之地，很大程度上受到竞争者的影响。因此，企业需要关注竞争者的动态，及时对竞争者的营销策略作出反应，才能更好地占领市场。

5. 消费者

消费者是指企业直接面对的顾客群体，是为消费目的而购买产品或服务的组织或个人。企业的最终目的是满足消费者的需求，通过出售商品或服务来获得利润。因此，分析消费者的特点并制定满足消费者需求的营销方案至关重要。

三、SWOT 分析法

1. 基本概念

SWOT 分析法，又称优劣势分析法，是企业在制定营销方案时常用的一种分析方法。这种分析方法基于内外部竞争环境和竞争条件下的态势分析，将与研究对象密切相关的各种主要内部优势、劣势，以及外部的机会和威胁，通过调查列举出来，并按照矩阵形式排列。然后运用系统分析的思想，将各种因素相互匹配起来加以分析，从中得出一系列相应的结论，而这些结论通常具有一定的决策意义。

SWOT 分析法中的四要素分别是优势（Strength）、劣势（Weakness）、机会（Opportunity）和威胁（Threat）。通过 SWOT 分析法，可以了解企业自身（内部）的优势和劣势，同时识别外部市场环境中的机会和威胁，将这四个要素综合考量分析，从而得出相应结论，有助于企业营销策略的制定，如图 1-6 所示。

企业自身的优势（S）	企业自身的劣势（W）
1.成本领先优势	1.成本高昂
2.先进的技术专利	2.技术落后
3.充足的资金	3.资金短缺
4.完善的品控流程	4.产品质量难以把控
5.较高的市场份额	5.市场份额低
6.全覆盖的销售渠道系统	6.销售渠道少
7.稀缺的人才资源	7.人员紧缺
8.高效率的管理模式	8.管理混乱
……	……
外部环境中的机会（O）	外部环境中的威胁（T）
1.国家政策的大力扶持	1.国家政策限制
2.新需求增长	2.客户偏好变化
3.竞争对手失误	3.竞争对手竞争压力
4.经济持续繁荣	4.经济衰退
5.国外市场进入壁垒降低	5.遭遇突发事件
……	……

图 1-6　SWOT 分析法

2. SWOT 分析法的应用

SWOT 分析法是企业在制定营销方案时常用的一种分析方法，用于了解企业自身的优势和劣势，同时识别外部市场环境中的机会和威胁。通过将这 4 个要素综合考量分析，企业可以得出相应的结论，从而有助于营销策略的制定。建立 SWOT 矩阵，可以形成四种不同类型的组合：优势—机会（SO）组合、劣势—机会（WO）组合、优势—威胁（ST）组合、劣势—威胁（SW）组合。对这四种组合加以分析，可以得出企业的可选择对策。如表 1-1 所示，这四种组合通过战略组合分析，可以制定出相应的解决方案。

表 1-1　SWOT 矩阵分析

矩阵分析	内部优势（Strength） 1. 2. ……	内部劣势（Weakness） 1. 2. ……
外部机会（Opportunity） 1. 2. ……	优势—机会（SO）组合 依靠内部优势 利用外部机会	劣势—机会（WO）组合 克服内部劣势 利用外部机会
外部威胁（Threat） 1. 2. ……	优势—威胁（ST）组合 依靠内部优势 规避外部威胁	劣势—威胁（SW）组合 克服内部劣势 规避外部威胁

（1）优势—机会（SO）组合分析

优势—机会（SO）组合分析指的是将企业的内部优势与外部环境中的机会相结合，充分利用外部环境中的机会，进一步推进企业自身的优势。例如，产品市场前景良好和竞争对手遭遇危机等外部条件，加上企业市场占有率高、资金充足等内部优势，就可以帮助企业做出收购竞争对手、扩大生产规模等决策。

（2）劣势—机会（WO）组合分析

劣势—机会（WO）组合分析指的是将企业的内部劣势和外部环境中的机会相结合，利用外部环境中的机会克服内部劣势，使劣势转化为优势。例如，企业虽然面临产品市场前景良好和竞争对手遭遇危机等外部条件，但自身却存在原材料供应不足、生产能力不足以及资金短缺的问题。在市场前景良好的情况下，企业可以考虑融资，添置新设备，扩大供应商规模，从而保证原材料的供应和生产能力充足，以提高企业的市场占有率，化劣势为优势。

（3）优势—威胁（ST）组合分析

优势—威胁（ST）组合分析指的是将企业的内部优势和外部环境中的威胁相结合，利用企业内部优势规避外部环境中的威胁，减少外部环境对企业的负面影响。例如，企业虽然市场占有率高、资金充足，但竞争对手利用新技术大幅降价，给企业带来成本压力；同时，原材料供应紧张，原材料价格可能上涨。外部环境可能导致企业成本状况进一步恶化，从而使企业处于更加不利的地位。然而，企业可以依靠自身市场占有率高、资金充足的内部优势开发新工艺，简化生产工艺过程，提高原材料利用率，降低生产成本，提升产品质量，从而规避外部环境威胁带来的负面影响。

（4）劣势—威胁（SW）组合分析

劣势—威胁（SW）组合分析指的是将企业的内部劣势和外部环境中的威胁相结合，旨在改变内部劣势，并规避外部环境威胁。当企业存在内忧外患之时，往往面临生存危机。降低成本、实施差异化或专一化战略可能有助于企业克服内部劣势，同时规避外部环境中的威胁。例如，在企业自身原材料供应不足、生产能力不足且资金短缺的情况下，如果竞争对手利用新技术大幅降价，企业可以考虑减少多余的产品生产线，专注于核心产品的生产，从而降低成本，提升竞争力。

案例 1-3

京东商城的 SWOT 分析

京东商城近几年发展迅猛，凭借"又好又便宜"的营销理念吸引了大量用户，活跃用户数超过 5.8 亿，2023 年的利润高达 352 亿元，业绩表现突出。随着网络购物的常态化，京东商城也面临激烈的市场竞争。通过借助 SWOT 分析对京东商城进行经营分析，可以帮助企业制定更优的营销策略。

1. 优势分析

在优势方面，京东商城依靠自建的仓储平台、完善的供应链和快速的物流，可以实现快递次日达甚至当日达，这是京东商城的突出优势。除此之外，它还具有丰富的产品品类和良好的品质保障。在退换货等售后服务上，更是做到了上门取件退换，售后服务周到细致。总的来说，丰富的品类、优质的产品、快速的物流和完善的售后服务是京东商城的突出优势。

2. 劣势分析

在劣势方面，京东商城的价格相对于其他平台偏高，并且其价格对 Plus 会员和非 Plus会员存在明显差异。Plus 会员在京东自营商城可以享受商品九五折、免运费和上门退换货服务。但是，非 Plus 用户需要以原价购买商品，支付快递费，并额外支付退换货的运费。因此，对于非 Plus 用户来说，在京东商城购物的成本较高。

3. 机会分析

根据《中国互联网络发展状况统计报告》，截至 2023 年 12 月，我国网络购物用户规模已达 9.15 亿人，用户规模呈现稳定增长趋势。对于京东商城而言，目前活跃用户数约为 5.8 亿，未来用户数仍有较大提升空间。

4. 威胁分析

目前网络购物平台较多，其中竞争较激烈的有淘宝和拼多多，这些平台对京东商城而言都是强有力的竞争对手。

课堂训练

每组 5～6 人，阅读案例并收集资料，完成对北京小米科技有限责任公司的 SWOT 分析并汇报展示。

项目二

讲好产品

学习指南

工作任务	向顾客推介好产品	教学模式	讲授法、技能任务训练法
建议学时	12 学时	教学地点	多媒体教室

学习目标	知识目标	1. 了解和掌握产品的整体概念 2. 了解 FABE 产品介绍法 3. 掌握产品的组合 4. 了解产品的包装策略 5. 掌握产品的 STP 方法
	能力目标	1. 运用 FABE 产品介绍法 2. 分析产品的组合并设计产品组合 3. 分析产品的包装策略 4. 运用产品的 STP 策略
	素质目标	1. 具备良好的口头表达能力 2. 具备团队协作能力 3. 具备产品分析的能力 4. 具备市场细分的能力 5. 具备爱岗敬业的职业道德，以及严谨务实的工作作风
关键词	产品整体概念；FABE；产品组合；包装策略；STP	

思维导图

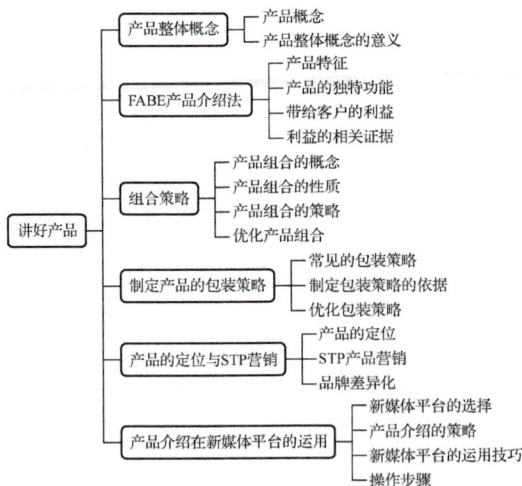

- 讲好产品
  - 产品整体概念
    - 产品概念
    - 产品整体概念的意义
  - FABE产品介绍法
    - 产品特征
    - 产品的独特功能
    - 带给客户的利益
    - 利益的相关证据
  - 组合策略
    - 产品组合的概念
    - 产品组合的性质
    - 产品组合的策略
    - 优化产品组合
  - 制定产品的包装策略
    - 常见的包装策略
    - 制定包装策略的依据
    - 优化包装策略
  - 产品的定位与STP营销
    - 产品的定位
    - STP产品营销
    - 品牌差异化
  - 产品介绍在新媒体平台的运用
    - 新媒体平台的选择
    - 产品介绍的策略
    - 新媒体平台的运用技巧
    - 操作步骤

市营文化

酒香不怕巷子深

"酒香不怕巷子深",意指若酒酿制得佳,即便位于偏僻的巷弄,亦能吸引远道而来的品酒者。陈年佳酿一旦开封,香气四溢,远播千里。要真正吸引顾客,不让他们因巷深却步,关键在于酿造工艺的精湛。此话亦可引申为:只要产品本身卓越,即便位于不显眼之处,凭借其出色的品质,终将被人们发现。

任务一　产品整体概念

案例 2-1

竹叶青的成功模式及经验

"竹叶青"的成功模式是以品牌占领市场,推动茶产业的发展。这家成立于 1987 年的民营企业,从一开始便以"竹叶青"作为品牌名称、茶叶商品名称以及企业名称进行品牌建设。

竹叶青作为四川的地方名茶,经过几十年的发展,在当地早已有一定的认知度。要将这样一个已经被许多茶农广泛使用的茶叶商品名称统一到一个企业的品牌里,难度确实很大。竹叶青品牌的掌门人唐先洪介绍,竹叶青已经成为一个有名的商品,拥有了一定的市场,这也是一种优势。当竹叶青成功注册为商标后,企业想到的是如何收复市场的"失地"。作为正牌的竹叶青,以怎样的产品质量有别于茶农的产品,设计系列包装,建设竹叶青的企业文化,是他首先考虑的问题。因此,公司改制后,他并没有急于开发市场,而是对公司的发展前景以及营销策略进行了系统规划。他请专门的品牌设计策划公司做方案,重新定位产品,建立从茶园到加工、储存、包装、物流等新的生产管理体系。从日本引进了用于提香和干燥的全自动精制设备,建设了近 5000 立方米的名茶保鲜库,通过引进高科技制茶设备来实现名优茶的工业化生产,并以全新的营销理念设计竹叶青品牌包装,加强广告宣传,使"竹叶青"品牌脱颖而出。以包装茶的形式来占领市场,唐先洪避重就轻,先放弃茶农自产自销的竹叶青散装茶市场,选准一个目标较小的包装市场。对于市场通路中假冒竹叶青包装的品牌行为,他决不手软。品质观念、新颖包装、广告宣传以及服务,为竹叶青的品牌树立了良好的形象。"平常心,竹叶青"这个广告词已经在茶界广为流传。

竹叶青的经验包括以下内容。

成功的产品定位。在传统竹叶青加工生产的基础上,引入新工艺设备和技术,提升传统竹叶青的产品质量。成功的营销策划。思路决定方向,方向决定目标。优秀的营销策划能够直击目标,避免因摸索市场而可能走的弯路。著名品牌设计专家的方案可以使企业一步到位地站在能够竞争或合作的目标企业面前,以高起点介入市场运作。找准市场定位，建立营销通路。峨眉山竹叶青生态茗园发展休闲观光和旅游产业，使竹叶青品牌迈上了新台阶，文化促进了产业发展。

✅ 一、产品概念

市场营销学中的产品概念通常称为产品整体概念，即由满足消费者一定欲望和需求，能给消费者带来有形利益和无形利益的有形实体、无形服务、功能属性等组成的整体。

产品整体可以细分为不同层次，最常见的有三层次产品整体和五层次产品整体。

1. 三层次产品整体

核心产品（Core Product）：消费者购买某种产品时追求的功能和效用。在产品整体概念中，这也是最基本、最主要的部分。

形式产品（Tangible Product）：核心产品借以实现的形式，又称形式产品，即产品的外在形态。

附加产品（Augmented Product）：对产品内涵的延伸，又称产品延伸层，指顾客购买产品时获得的全部附加服务和利益。

2. 五层次产品整体

核心产品层：产品的使用价值或功能效用。

一般产品层：产品的基本形式，体现核心产品层。通俗讲，就是看得见、摸得着的形式，如产品色彩、包装等。

期望产品层：购买者希望或认可的一系列属性和条件。

延伸产品层：产品给予购买者的附加利益或附加价值。

潜在产品层：最终可能实现的全部附加价值和新转换价值。

> **🔦 训练示范**
>
> **旅馆产品的整体层次**
>
> 核心产品层 —— 休息与睡眠。
>
> 形式产品层 —— 床、浴室、毛巾、衣柜、厕所等。
>
> 期望产品层 —— 干净的床、新毛巾、清洁的厕所、安静的环境。
>
> 附加产品层 —— 电视机、网络接口、鲜花、快捷结账、美味晚餐、优良服务等。
>
> 潜在产品层 —— 全套家庭式旅馆的出现。

✅ 二、产品整体概念的意义

产品整体概念是市场经营思想的重要发展，对企业经营具有重大意义。

1. 指出产品是由有形特征和无形特征构成的综合体

一方面，企业在产品设计和开发过程中，应有针对性地提供不同功能，以满足消费者的多样化需求，同时还要保证产品的可靠性与经济性。另一方面，对于产品的无形特征也应予以充分重视，因为它是产品竞争力的重要组成部分。

产品的无形特征和有形特征的关系是相辅相成的。无形特征包含在有形特征之中，并以有形特征为后盾；而有形特征又需要通过无形特征来强化。

2. 产品整体是一个动态的概念

随着市场消费需求水平和层次的提高，市场竞争焦点不断转移，对企业产品提出更高要求。为适应这样的市场态势，产品整体概念的外延呈现出不断扩展的趋势。当产品整体概念的外延扩展到一个新的层次时，市场竞争又将在一个新领域展开。

3. 以市场需求为中心

产品整体概念的层次清晰地体现了以市场需求为中心的现代营销观念。衡量一个产品的价值是由顾客决定的，而不是由生产者决定的。对产品整体概念的理解应以市场需求为中心。

4. 产品的差异性和特色是市场竞争的重要内容

产品整体概念层次中的任何一个要素都可能形成独特的特点。企业在产品的效用、包装、款式、安装、指导、维修、品牌、形象等每一方面都应根据市场需求进行创新设计。

5. 衍生新产品

一般来说，有形产品是核心产品的载体，是核心产品的转化形式。这两者的关系给我们这样的启示：把握产品的核心层次，产品的款式、包装、特色等完全可以突破原有的框架，由此开发出一系列新产品。

以旅游为例，如果说旅游产品的核心层次是满足旅游者身心需求和短期生活方式，那么，旅游形式产品不仅可以理解为组织旅游者去名山大川游玩，还可以延伸至商务旅游、购物旅游、现代工业旅游、现代农业旅游、都市旅游、学外语旅游等形式。

任务二　FABE 产品介绍法

FABE 产品介绍法是一种典型的利益推销方法，具体且具有高度可操作性。它通过四个关键环节巧妙处理顾客关心的问题，从而顺利实现产品销售。

F（Features），即特征，指产品的独特之处，是对产品的客观描述。例如，产品的特质、特性等最基本功能。

A（Advantages），即优点，指产品和其他同类产品相比的长处和优势，是决定客户购买的直接理由。

B（Benefits），即利益，指产品为客户带来的好处，是客户使用该产品的实际效用和影响。

E（Evidence），即证据，指通过事实向客户证明产品的价值，因为证据具有可靠性、权威性、客观性和见证性。

✅ 一、产品特征

产品特征决定产品的优势。销售人员在推荐产品时，应首先详细列出产品的基本特征，并根据客户群体的需求，突出具有竞争力的特点。

二、产品的独特功能

产品的独特功能应以其自身特质为基础。例如，该产品的特征能够实现哪些功能，与同类竞争产品相比，能为使用者提供哪些独特优势等。

三、带给客户的利益

不同客户有不同需求。在产品介绍过程中，销售人员需要将客户的需求与产品的独特功能相结合，并充分展示这些功能能够为客户带来的具体利益。

四、利益的相关证据

销售人员还需适时提供能够满足客户需求的相关证据，例如样品、证明文件、商品展示说明、录音或录像等。

训练示范

介绍冰箱

以冰箱的省电作为卖点，按照 FABE 产品介绍法可以介绍为以下几点。

F：这款冰箱最大的特点是省电，它每天的用电量仅为 0.35 度，也就是说 3 天才用 1 度电。

A：以前的冰箱每天的用电量通常在 1 度以上，质量稍差的可能每天耗电达到 2 度。现在的冰箱耗电设计一般是每天 1 度左右。通过比较可以发现，这款冰箱每天可以节省不少电费。

B：假如电费是 0.8 元一度，这款冰箱一天可以省下 0.5 元，一个月可以节省 15 元。这相当于省下了当月的手机月租费。

E：这款冰箱为什么这么省电呢？

根据说明书：它的输入功率是 70 瓦，相当于一个电灯的功率。这款冰箱采用了较好的压缩机和制冷剂，并优化了省电设计，因此输入功率很小，非常节能。

根据销售记录：这款冰箱的销量非常好，您可以查看我们的销售记录。如果觉得合适，我可以为您安排试用一台机器。

课堂训练

运用 FABE 产品介绍法介绍目前市面上最新的一款新能源汽车。

任务三　组合策略

一、产品组合的概念

产品组合是指企业提供给市场的全部产品线和产品项目的组合或结构。

产品线是产品组合中的某一产品类别，是一组密切相关的产品，销售给相同的顾客群，属于同一价格范畴。例如，某企业的家电事业部包括电冰箱、洗衣机等产品线。

产品项目是指产品线中的不同品种或品牌。

二、产品组合的性质

产品组合的性质包括产品组合的宽度、长度、深度、密度和相关性。

产品组合的宽度：又称产品组合广度，是指一个企业拥有多少个产品大类，即所拥有的产品线数。

产品组合的长度：是指产品组合中产品项目的总数。

产品组合的深度：是指产品线中每个产品项目具有的规格、包装、质量和价格等不同种类的数量。

产品组合的密度：是指产品线中平均具有的产品项目数。可用公式表示为：

$$产品组合的密度 = \frac{产品组合长度}{产品组合宽度}$$

产品组合的相关性：是指产品线在最终用途、生产条件、分配渠道等方面相互关联的程度。

> **训练示范**
>
> #### 宝洁公司产品组合的性质
> 宝洁公司的产品项目如表 2-1 所示。
>
> 表 2-1　宝洁公司的产品项目
>
> | 类型 | 头发护理 | 零食系列 | 个人健康护理 | 口腔护理 | 织物护理 | 婴儿护理 |
> |---|---|---|---|---|---|---|
> | 品牌名 | 飘柔
海飞丝
潘婷
沙宣
伊卡璐 | 品客 | 舒肤佳
玉兰油
卡玫尔 | 佳洁士
欧乐 | 碧浪
汰渍
当妮 | 帮宝适 |
>
> 从表 2-1 可知，宝洁公司产品组合的性质如下：

产品组合宽度：所拥有的产品线个数为6。

产品组合长度：产品项目的总和为15。

产品组合深度：洗发护发的深度为5，零食系列的深度为1，以此类推。

产品组合的密度：公式计算为：

$$产品组合的密度=\frac{15}{6}=2.5$$

产品组合的相关性：均为日用化工产品。

课堂训练

请分析美的电器的产品组合性质。

三、产品组合的策略

（一）产品组合的类型

1. 全线全面型

全线全面型是指面向尽可能多的顾客，并向他们提供各种各样的产品。也就是尽可能增加产品组合的广度和深度，不受密度约束，即广度和深度都较大。

2. 市场专业化型

市场专业化型是指企业将自身的营销力量集中于某一特定市场，并向该市场的顾客提供尽可能多产品的策略。

3. 产品专业化型

产品专业化型是指企业只从事某一条或两条产品线的营销，但尽可能多地增加产品线的产品项目，以加强产品组合深度，面向更多市场。

4. 有限的产品专业化型

有限的产品专业化型是指企业只生产或销售某一产品线中有限的几个或一个产品项目。优点是只需投入较少资金，专业程度很高；缺点是企业市场范围狭窄，营销风险较大。

（二）产品组合的调整策略

1. 向上延伸策略

向上延伸策略是指企业在一种产品系列内增加高档、高价的产品项目，以提高企业现有产品的声望。

2. 向下延伸策略

向下延伸策略是指企业在原有的产品线中增加低档次、低价格的产品项目。

3. 产品系列化策略

产品系列化策略是指将原有的产品项目扩充成一个系列的策略，包括品质系列化（如高档、中档、低档产品系列）、功效系列化（如洗发水的去屑、营养、柔顺等不同功效）、规格系列化（如250ml、500ml、1250ml的不同规格）。

4. 增加产品线的策略

增加产品线的策略既可以扩展关联性较大的产品线，也可以增加关联性较小的产品线。

5. 增加或缩减原有的产品组合

当市场繁荣时，较长较宽的产品组合会为许多企业带来更多的盈利机会；而当市场不景气或原料、能源供应紧张时，缩减产品组合反而可能使总利润上升。这是因为从产品组合中剔除了那些获利较少甚至不获利的产品线或产品项目，使企业能够集中力量发展获利较多的产品线和产品项目。

课堂训练

网上收集海尔电器控股公司生产和经营的产品，并绘制其公司的产品组合结构图，分析其产品组合策略。

四、优化产品组合

产品组合状况直接关系到企业的销售额和利润水平，企业必须对现有的产品组合进行系统分析和评价，并决定是否加强或剔除某些产品线或产品项目。

优化产品组合的过程通常是分析、评价和调整现有产品组合的过程，包括两个重要步骤：产品线销售额和利润分析，以及产品项目市场地位分析。前者主要指分析和评价产品线中各产品项目提供的销售额和利润水平；后者则是将产品线中的各产品项目与竞争者的同类产品进行对比分析，全面衡量各产品项目的市场地位。

知识链接

波士顿矩阵分析法

波士顿矩阵（BCG Matrix）分析法，又称市场增长率—相对市场份额矩阵、四象限分析法、产品系列结构管理法等。

波士顿矩阵由美国著名管理学家、波士顿咨询公司创始人布鲁斯·亨德森于1970年创立。波士顿矩阵认为，一般决定产品结构的基本因素有两个：市场吸引力与企业实力。市场吸引力包括整个市场的销售量（或销售额）增长率、竞争对手的强弱及利润水平等。其中，最主要的是反映市场吸引力的综合指标——销售增长率，这是决定企业产品结构是否合理的外在因素。

企业实力包括市场占有率、技术、设备、资金利用能力等，其中市场占有率是决定企业产品结构的内在要素，它直接反映企业的竞争实力。销售增长率与市场占有率既相互影响，又互为条件：市场吸引力大、市场占有率高，可以显示产品发展的良好前景，企业也具备相应的适应能力，实力较强；如果仅有市场吸引力大，而没有相应的高市场占有率，则说明企业尚无足够实力，该种产品也无法顺利发展。相反，企业实力强，而市场吸引力小的产品也预示该产品的市场前景不佳。

通过以上两个因素的相互作用，会出现四种不同性质的产品类型，形成不同的产品发展前景。

1. 明星产品（Stars）

明星产品是指处于**高增长率、高市场占有率**象限内的产品群。这类产品可能成为企业的现金流产品，需要加大投资以支持其迅速发展。

采用的发展战略：积极扩大经济规模和市场机会，以长远利益为目标，提高市场占有率，增强竞争地位。明星产品的管理与组织最好采用事业部形式，由对生产技术和销售两方面都很精通的经营者负责。

2. 金牛产品（Cash Cow）

金牛产品又称厚利产品，是指处于**低增长率、高市场占有率**象限内的产品群，已进入成熟期。其财务特点是销售量大、产品利润率高、负债比率低，可以为企业提供资金。而且由于增长率低，无须增大投资。因此，它成为企业回收资金、支持其他产品（尤其是明星产品）投资的后盾。

采用的发展战略：一是尽量压缩设备投资和其他投资；二是采用榨油式方法，争取在短时间内获取更多利润，为其他产品提供资金。

对于这一象限内销售增长率仍有所增长的产品，应进一步进行市场细分，以维持现有市场增长率或延缓其下降速度。对于金牛产品，适合采用事业部制进行管理，其经营者最好是市场营销型人物。现金牛业务指低市场增长率、高相对市场份额的业务，这是成熟市场中的领导者，也是企业现金的主要来源。由于市场已经成熟，企业无须大量投资来扩展市场规模。同时，作为市场中的领导者，该业务享有规模经济和高边际利润的优势，因此能够为企业带来大量财源。

企业往往用现金牛业务来支付账款并支持其他三种需要大量现金的业务。如果公司只有一个现金牛业务，说明其财务状况很脆弱。因为一旦市场环境变化导致这项业务的市场份额下降，公司就不得不从其他业务单位中抽回现金来维持现金牛的领导地位，否则这个强壮的现金牛可能就会变弱，甚至成为瘦狗。

3. 问题产品（Question Marks）

问题产品是指处于**高增长率低市场占有率**象限内的产品群。高增长率说明市场机会大，前景好，而低市场占有率则说明在市场营销上存在问题。其财务特点是利润率较低、所需资金不足、负债比率高。例如，在产品生命周期中处于引进期、因种种原因未能开拓市场局面的新产品即属于此类问题产品。

采用的发展战略：对问题产品应采取选择性投资战略。因此，对问题产品的改进与扶持方案一般均列入企业长期计划中。对问题产品的管理组织，最好采取智囊团或项目组织等形式，选拔具有规划能力、敢于冒风险且有才干的人负责。

4. 瘦狗产品（Dogs）

瘦狗产品又称衰退类产品，是指处于**低增长率低市场占有率**象限内的产品群。其财务特点是利润率低、处于保本或亏损状态，负债比率高，无法为企业带来收益。

采用的发展战略：对这类产品应采用撤退战略，减少批量，逐渐撤退。对于那些销售增长率和市场占有率均极低的产品，应立即淘汰，并将剩余资源转移到其他产品上。

案例 2-2

华龙方便面产品的组合策略

2005 年，在中国内地市场上，河北省华龙集团以超过 60 亿元的销售额位居方便面行业第二，仅次于康师傅，并正迈向 100 亿元的目标。

1. 针对农村市场——力推低档产品

1994年，华龙在创业之初将目标市场定位于河北省及周边几个省的农村市场。依托当地优质小麦和廉价劳动力资源，将一袋方便面的零售价定在0.6元以下。

2000年以前，主推大众面如"108""甲一麦""华龙小仔"。

2. 针对不同市场——采取区域产品

2001年开始推行区域产品品牌战略，针对不同地域的消费者推出不同口味和不同品牌的系列新产品，并创建了一条研究区域市场、了解区域文化、推行区域营销、运作区域品牌战略、创作区域广告的思路。

3. 针对全国市场——"今麦郎"弹面直指高端

2002年起，华龙开始走高档面路线，开发出第一个高档面品牌"今麦郎"弹面。华龙开始大力开发城市中的中高价位市场，并在北京、上海等大城市取得成功。

"今麦郎"弹面在原料、料包、拉面设备、方便性四个方面进行了技术升级，并且在包装上更显文化底蕴。

4. 综合效果——形成较为完善的产品组合

华龙方便面现共有17种产品系列，十几种产品口味，上百种产品规格。根据华龙销量比例数据，高档面占20.78%，中档面占25.5%，低档面占53.72%。华龙不仅在全国市场上形成整体的高中低档产品组合，而且在同一区域内也形成同一产品品牌的高中低档价位组合，开发了不同消费层次的市场。

课堂训练

思考分析深圳华为的产品延伸策略。

任务四 制定产品的包装策略

随着市场的成熟与拓展，"包装"的意义已远远超出其原本保护商品的功能。如今，它已成为促进销售的关键策略之一。恰当的包装策略将直接影响储运成本和产品的市场接受程度。

一、常见的包装策略

常见的包装策略主要包括产品附赠包装策略、类似包装策略、差异化包装策略、组合包装策略、分组包装策略、再使用包装策略和改变包装策略。

产品附赠包装策略需要注意两点：一是附赠内容的受众与商品受众是否一致，尤其是在社会形象、审美要求及实际需求上是否匹配；二是附赠内容的质量是否过硬，若其品质不佳，则可能损害产品本身形象。

类似包装策略通常适用于品种相同的产品，其特性包括使用相同的图案、包装材料以及造型。

差异化包装策略是针对不同特性的产品采取的包装方式。通常需要考虑产品的特殊性，主要包括加工工艺和销售方式的差异。差异化包装策略的目的是在消费者心中留下鲜明的印象。

组合包装策略是将一些相关的产品一起包装在同一个包装物中，常见的有化妆品组合包装、节日礼盒、大礼包以及新老产品组合等。

分组包装策略是针对同一产品，根据顾客的不同需求采用不同的包装方式。例如，购买茶叶的顾客如果是为了送礼，包装需要选择精美的茶叶礼盒；如果是自己日常饮用，则可能使用简便的封口塑料袋包装。

再使用包装策略主要考虑包装物的二次使用，既可以为顾客提供额外的使用价值，又可以节能环保。例如，一些饼干使用金属盒包装，饼干食用完后，包装盒还可以用来存放其他物品。

改变包装策略主要针对产品销量下降或声誉下降的情况，采取改进质量和改变包装形式的策略。

✅ 二、制定包装策略的依据

制定包装策略的依据主要包括产品特性、储运便利性、生产成本以及是否符合受众使用习惯等因素。

具体而言，不同类别的产品对包装的要求各不相同。例如，易碎品需要更加稳固的包装来确保运输安全；高档商品则需要精美的包装来提升产品的附加值。此外，包装的大小、形状和材质也应充分考虑储运的便利性，以减少运输成本和存储空间。同时，生产成本是企业制定包装策略时必须关注的重要因素，合理的包装设计可以在保证产品质量的同时有效控制成本。最后，包装策略还需符合受众使用习惯，以确保产品在目标市场中获得良好的接受度和口碑。

✅ 三、优化包装策略

优化包装策略的核心在于在现有包装的基础上进一步提升和改进。首先，应识别现有包装的不足之处，然后提出相应的改进方案。改进方案可能包括增强包装的耐用性，使其更好地保护产品免受损坏；改进包装的视觉效果，使其更具吸引力，突出品牌形象和产品特点。

优化包装策略通常还需要融入一定的技术创新，例如采用环保材料，这不仅能减少对环境的影响，还能提升企业的社会责任感，吸引更多注重可持续发展的消费者。此外，智能化包装技术的运用，如二维码追溯系统，可以提升产品的可追溯性和安全性，增强消费者信任感。

课堂训练

1. 列举三个以上的包装案例并做出简单的分析。
2. 为当地特色美食设计包装营销策略。

任务五 产品的定位与 STP 营销

一、产品的定位

产品的定位是目标市场选择与企业产品结合的过程，也是将市场定位企业化、产品化的工作。产品定位的核心在于识别差异化要素，即独特的销售主张（Unique Selling Proposition，USP）。通过汲取历史经验和相关资料，可以从以下九个维度进行探索：原料、质量、功能、工艺、设计、概念、时尚、品位、文化。

针对目标市场的竞争对手，应对这九个维度进行深入比较，以识别哪些需求尚未满足或哪些方面能够使产品脱颖而出。

训练示范

原料差异化：采用 100%纯果汁，无任何添加剂。

质量差异化：保证运行 1 万次无故障，展现卓越的可靠性。

功能差异化：提供更优的功能或更丰富的功能选项。

工艺差异化：鲜榨工艺相比浓缩汁勾兑，更有利于保持健康。

设计差异化：在外观和包装上进行创新，例如 Pillsbury 在面粉包装中附赠面食烹调食谱，增添实用价值。

概念差异化：鲜榨产品通常比浓缩汁勾兑产品更健康，这一概念深入人心。

时尚差异化：融入时尚元素，如在鞋子设计中加入"流苏"装饰，提升潮流感。

品位差异化：如星巴克咖啡所代表的高端品位。

文化差异化：东方树叶的茶饮包装融入深厚的茶文化元素。

（一）品牌定位

品牌资产是一项系统工程，旨在建立、保护、强化和提升品牌价值。它通过在消费者心智中构建品牌知识，丰富品牌定位的内涵，并激发基于消费者的积极品牌联想。

品牌定位有时与产品紧密相关，涉及产品利益的传播；有时则与产品本身无关，更关注概念和认知的传播。因此，在进行品牌定位时，虽然会借鉴产品定位的方法，但必须强调：概念优于认知。

此外，与市场定位和产品定位从消费者需求出发的做法不同，品牌定位更侧重于竞争性。一旦产品确定，品牌便以特定品类成员的身份进入消费者视野，影响其购买决策过程。

因此，消费者的购买决策过程转变为在不同品牌之间作出选择。品牌化的宗旨在于简化购买决策过程并降低风险。可见，在品类相似的前提下，显著的差异化成为选择的关键。

（二）产品定位

品牌定位旨在提升产品价值。产品作为品牌的载体，是实现伟大品牌的关键。因此，品牌定位必须有助于提炼产品的独特卖点，同时，产品定位也需为品牌定位提供必要的支持。以京东商城为例，其品牌宣言"来京东就够了"必须有相应的产品种类作为支撑。然而，在某些情况下，这种支持可能是隐性的。例如，安踏的品牌宣言"Keep Moving（永不止步）"，表面上看似与产品无直接联系，但其隐含之意在于必须持续推出创新产品。

（三）产品定位的原则

1. 适应性原则

适应性原则包括两方面：一方面要满足消费者的需求，另一方面要适应企业自身在人、财、物等资源配置上的条件，以确保产品保质保量、及时顺畅地进入市场。

2. 竞争性原则

竞争性原则又称差异化原则。在目标市场上，可能而且通常不止一家企业在提供服务，因此不能一厢情愿地进行定位。需要结合竞争对手产品的情况，包括竞争对手的数量、实力以及在目标市场中的地位等因素来确定定位，避免与竞争对手定位雷同，以减少竞争风险，促进产品销售。

除了当前的行业竞争者，企业还必须警惕潜在的新进入者、替代品、供应商以及买家的威胁（详细内容可参考波特五力模型）。例如，微信对短信市场的竞争就是一个典型案例，这是中国移动未能及时察觉的。因此，企业更可能被新兴的竞争对手或颠覆性技术击败，而不是被现有的竞争对手击败。

（四）产品定位的内容

产品类别定位，即明确产品所属类别，这是产品定位的基础。该定位决定产品在市场中的位置和竞争策略。

产品档次定位，即确定产品的市场档次定位，是高端、中端还是低端。这将直接影响产品的定价、目标消费群体及营销策略。

产品构成定位，即明确产品的组成要素和结构，包括核心功能、附加功能及相关服务。这有助于消费者理解产品的价值和特点。

产品功能定位，即确定产品的主要功能和用途，这是产品区别于其他同类产品的关键，也是消费者选择产品的重要决定因素。

（五）定位方式

1）开拓性定位：如果消费者心智中某个有价值的品类定位尚未形成，品牌可以通过推广品类概念，开拓并占据该定位。

2）细分性定位：如果消费者心智中的某个品类定位已被其他品牌占据，品牌可以主攻其中的细分市场或强调某一特性，确立自己的定位，即品牌努力与消费者心智中的优选品牌区分开来。

3）补充性定位：产品之间形成关联，成为消费者的补充选择。

4）取代性定位：如果消费者心智中的品类定位品牌存在潜在弱点，新品牌可以由此突破，重新定义其为不适当的选择，从而取而代之。

案例 2-3

王老吉——成功的产品定位

　　年销量突破 200 亿元的凉茶品牌王老吉（见图 2-1），在进行产品定位时，严格遵循了差异化原则。在饮料市场激烈的竞争中，王老吉凭借"怕上火"这一精准定位，成功地与众多同类饮料产品区分开来。其定位明确、直击消费者痛点，简洁易懂且焦点集中，使得王老吉迅速崛起，成为饮料市场的领导者之一。王老吉通过坚持差异化的定位策略，成功将自身产品与竞品区隔开，创造了令人瞩目的业绩。

图 2-1　凉茶品牌王老吉

二、STP 产品营销

　　STP 战略包括市场细分、目标市场和市场定位。STP 营销是现代市场营销战略的核心。

1. 市场细分

　　市场细分是指根据消费者的不同需求、偏好、购买行为等因素，将整个市场划分为若干具有相似特征的子市场的过程。这一过程有助于企业更深入地理解消费者需求，发现市场机会，并制定更有效的营销策略。

　　在进行市场细分之前，应首先确定细分层次，是大众化营销、细分营销、补缺营销、本地化营销还是定制营销。然后，根据细分变量将消费者分为若干群体单元（细分市场），观察这些消费者细分市场是否呈现不同的需求或产品反馈。通常通过辨别偏好的方式进行区分。常见的市场细分变量如表 2-2 所示。

　　由于细分的群体单元不一定具有相似的需求，例如年轻中等收入的购车者，他们的购物需求可能存在差异，因此在引入细分变量时，需要对行业有深入的了解。

表 2-2　常见的市场细分变量

变 量 名 称	详 细 描 述
地理变量	
地区	东、南、西、北、中部
城市规模	20 万人以下（Ⅱ型小城市）、20 万～50 万人以下（Ⅰ型小城市）、50 万～100 万人以下（中型城市）、100 万～500 万人以下（大型城市）、500 万～1000 万人以下（特大城市）、1000 万人以上（超大城市）
人口密度	市区、郊区、县城、乡镇
气候	热带、亚热带、潮湿、寒冷
人口变量	
性别	男、女
年龄	学龄前、学龄、青少年（15～24 岁）、青年（25～39 岁）、中年（40～64 岁）、老年（65 岁及以上）
受教育程度	文盲、高中以下、高中、大学毕业、硕士学位、博士学位
家庭生命周期	年轻单身、年轻已婚、年轻已婚无子女、年轻已婚最小子女 6 岁以下、年轻已婚最小子女 6 岁以上、较年长已婚与子女同住、较年长已婚子女都超过 18 岁、较年长单身、其他
家庭规模	1 人、2 人、3 人、4 人、5 人及以上
年收入	低收入、中等收入、高收入
职业	政府及社会行政人员、管理人员、私营企业主、专业技术人员、职员、自己经营的工厂主和商人、餐饮业人员、工人、农民、失业及半失业人员
生活方式	文化导向型、运动导向型、户外导向型
个性	被动型、交际型、权力型、野心型
行为变量	
场合	特殊场合、一般场合
利益	质量、服务、经济、速度
使用者状况	从未用过、以前用过、有可能用、第一次使用、经常使用
使用率	偶尔使用、适度使用、频繁使用
忠诚度	没有、适度、强烈、绝对
准备阶段	未知晓、知晓、了解、兴趣、想得到、企图购买
对产品的态度	热衷、积极、不关心、否定、敌对

在市场细分之后，关键任务是识别那些具有商业潜力的细分市场，这需要满足以下五个标准。

可衡量性：细分市场的规模、购买力及其特征应是可以量化的；

足够规模：市场须具备一定的规模和盈利潜力；

可接触性：市场应该能够被企业接触并提供有效服务；

可区分性：确保不同细分市场之间存在明显的需求差异，即它们对特定产品的反应不同；

可操作性：能够制定明确且有效的策略来吸引和服务这些市场。

2. 目标市场

目标市场选择是在市场细分的基础上，企业根据自身资源和竞争优势，选择一个或几个具有发展潜力的子市场作为目标市场。在选择目标市场时，必须综合考量众多因素，如目标市场的吸引力和企业的适应性。市场吸引力的评估指标涵盖市场容量、市场增长率、竞争强度以及盈利能力等关键要素。其中，最具吸引力的市场细分通常表现为市场容量大、市场增长迅速，同时竞争相对缓和。企业的适应性则涉及资源匹配程度等方面。

3. 市场定位

市场定位是企业在目标市场中，通过塑造独特的品牌形象和提供差异化的产品或服务，使消费者形成对企业或产品的独特认知。明确的市场定位有助于企业在激烈的市场竞争中脱颖而出，赢得消费者的信任和忠诚。

在进行市场定位时，需要确定目标市场的选择和进入方式。目标市场的选择包括集中于单一细分市场、有选择地进入多个市场、市场专业化、产品专业化和全面覆盖。

目标市场的进入策略可以分为逐步进入和全面进入两种。逐步进入策略是指企业先选择某一细分市场作为切入点，待在该市场站稳脚跟并取得一定成功后，再逐步拓展到其他细分市场。这种方式的优势在于集中资源，降低初期投入风险，同时有助于企业积累经验，提升市场竞争力。全面进入策略则是企业同时进入多个细分市场，试图在各个市场中占据一席之地。这种策略要求企业具备较强的资源和实力，能够在多个市场中同时展开竞争。全面进入策略的优势在于快速扩大市场份额，提升品牌知名度。

综上所述，STP 产品营销战略是企业制定营销策略、提升市场竞争力的重要工具。

✅ 三、品牌差异化

根据特劳特的定位理论，实现品牌差异化的方法在于理解消费者的心智模式，并在其中找到一个独特的定位点。品牌差异化不是仅仅创造一个新颖的标志或口号，而是要深入消费者对品牌的认知。这涉及对竞争对手的分析，了解市场上已有的品牌定位，然后找到一个未被充分占据的市场空间。品牌差异化策略的成功实施需要企业持续在目标市场中传递其独特的价值主张，并确保这一价值主张与消费者的需求和期望相符。品牌差异化分析的方法如下。

1. 产品特性

产品特性的强调构成实现差异化策略的关键要素。在各类产品类别中，多样化的特性得以展现，而其中最关键的特性往往能够主导市场。同时，具备次要特性的产品同样能够实现有效的市场区分。

2. 市场领导者

市场领导地位的建立是差异化策略中最具影响力的方法。一旦在消费者心智中确立领导者的形象，他们将倾向于信任该品牌所传递的信息。尽管公众可能对失败者抱有同情，但他们更倾向于信任那些已经取得成功的企业。

3. 市场传统

长期的市场存在感同样能够获得公众的认可。人们倾向于认为能够长期存续的企业必然有其独到之处。"祖传家业"便是一种基于市场传统的差异化策略。

4. 市场专长

在特定领域内的专注可以塑造专家形象。在某一品类中被认定为专家，将有力证明自身相较于同行的卓越性，从而获得消费者的信任。

5. 广泛认可

当消费者面对众多选择而感到困惑时，如果大多数人倾向于选择某一产品，该产品便能脱颖而出。例如，香飘飘奶茶的广告语"一年销量达到3亿杯，足以环绕地球一圈"，有效传达了其广泛的市场认可度。

6. 全面的产品线

拥有全面的产品线有助于企业从那些提供有限选择的竞争者中脱颖而出。

7. 持续创新

将自身定位为行业中的"新一代"是一种有效的市场差异化策略，尤其是在高科技领域。消费者往往偏好最新产品，因为在他们看来，新产品通常优于旧产品。

8. 生产过程

产品的生产过程也可以成为企业区别于竞争对手的关键要素。手工制作相比机器生产更受市场欢迎，鲜榨产品相较于浓缩产品更受消费者青睐。即便生产成本可能较高，但如果能够因此实现产品差异化，这种投入也是值得的。

9. 销售情况

当产品实现热卖时，可能会产生所谓的滚雪球效应。鉴于消费者的热情往往具有传播性，可以正式宣布"我们正处于热销状态"，并让这一消息在市场中广泛传播。这将使人们认为该产品具有独特性。

10. 独特情感

将关怀、牵挂、思念、温暖、怀旧和爱等人类情感的内涵融入品牌之中，让消费者在购买和使用产品时体验这些情感，从而激发他们内心深处的认同和共鸣。这种定位策略能够为消费者提供更加个性化的体验，提升品牌溢价能力，让品牌更容易被消费者记住，并为品牌扩展提供更广阔的空间。独特的情感定位优势在于，它能够与顾客建立深层次的情感联系，使顾客在面对产品同质化时仍能保持忠诚，甚至降低对价格的敏感度，从而有效打造品牌。这种策略通常在产品同质化严重的市场环境中使用，通过情感诉求与竞争对手形成差异化，增强品牌的独特性和吸引力。

训练示范

剖析江小白的市场定位

江小白是重庆江小白酒业有限公司旗下江记酒庄酿造生产的一种自然发酵并蒸馏的高粱酒品牌。江小白致力于传统重庆高粱酒的传承与创新，以"我是江小白，生活很简单"为品牌理念，秉持"简单包装、精制佳酿"的反奢侈主义产品理念，坚持"简单纯粹，特立独行"的品牌精神，持续打造"我是江小白"品牌IP，与用户互动沟通，推动中国传统美酒品牌的时尚化和国际化。

江小白品牌定位包括以下几个方面。

1. 目标人群定位

饮酒对中国人来说是几千年来传承下来的习惯。现如今，一些大型白酒企业着重以白酒的历史文化作为诉求点，强调高端、大气、显赫、尊贵的形象。从近年来的市场反应来看，老一辈消费群体更偏爱传统白酒。

现在的年轻一代消费群体对传统白酒并不是特别喜爱，他们想要的是简单的生活、快乐的工作。越来越多的年轻人逐渐远离传统白酒。这些年轻人的特点是青春时尚、充满活力、个性独特、热衷社交媒体、追求简单轻松的生活态度。江小白在竞争日趋激烈的市场中，发现了行业中年轻人这一空白市场区域，选择了白酒行业中相对较少有人关注的 90 后、00 后年轻一代群体。而这类人恰是市场的主流力量，未来各个行业的发展都需依靠他们来支撑。传统的白酒大多针对高端人群设计，而江小白则是为年轻人量身定制的一款酒，成功实现了白酒与年轻消费者真正的"亲密接触"，让他们在亲身体验中爱上这个新兴品牌。根据年轻人追求时尚与个性的消费理念，江小白进行了创新尝试，改变了传统白酒过于刻板的特点，引发了白酒市场上时尚与传统的碰撞。江小白代表着青春而简单的个性，这正符合当下年轻人的生活方式。

2. 产品特点定位

第一：口味。白酒主要有浓香、酱香、米香、清香等多种口感。不经常喝白酒的 90 后、00 后这一年轻人群体，可能对酒的口感和香型需求较为薄弱。为了适应年轻人的需求，江小白进行了大胆的尝试与创新，重点打造纯净清香的口感，去除了传统白酒浓香的特点。江小白的定位是"青春小酒"，采用单一高粱小曲酒酿造工艺，工艺标准化，品质稳定，入口绵甜，后味较长，略带苦味。江小白的香型为小曲清香型白酒。

江小白还打造了 108 种口感，可以搭配红茶、绿茶、冰块等，而且加入后不会变浑浊。这种全新的多种混饮喝法满足了不同人的多样化需求，给年轻人带来了不一样的饮酒乐趣，让江小白轻松赢得年轻消费者的喜爱，大大满足了消费群体的口感需求。

第二：外形。江小白在产品上，外包装简约化，并控制广告成本，让用户以低价喝到性价比高的酒，给消费者带来物有所值的良好口碑。它是国内品牌中以产品包装创新为特色的先驱，甚至邀请普通用户参与广告创作。在广告形式上，更多地采取互动营销，提升用户的参与感。

江小白抓住了 90 后、00 后这类消费群体年轻、时尚，同时追求简单而不失高贵生活方式的特点。在包装设计上，没有采用传统白酒的奢华高贵风格，而是选择洋溢青春、富有时尚感的设计，勾画了一个 90 后男孩的卡通人物形象：一副黑框眼镜、一身休闲西装、一条简单的围巾，既青春时尚又充满朝气。这一人物形象能够与消费者产生强烈的心理共鸣，再配上短小幽默的文字，使包装更加新颖独特。正是这些幽默短小、时尚精悍却直击年轻人内心的文字，让江小白赢得了年轻消费者的喜爱与青睐。

3. 价格定位

与其他酒类不同的是，江小白只有一级渠道，稍微偏远的地方可能会有二级渠道，顶多再加个分销商。此外，江小白非常重视微博营销，这种方式成本低且效率高。因此，江小白的渠道费用可以节省约 15%。通过层层节省，江小白的定价显得非常合理。江小白的价格定位在中低档白酒市场，主要集中在 50～100 元之间的光瓶白酒区间，既不昂贵又不失档次。在价格上，更容易被年轻消费群体接受。消费者相当于花 50 元买到了价值 100 元的产品，这也与江小白自身的定位特点相吻合。

4. 宣传方式

与传统白酒的宣传方式不同，江小白在线下主要通过开展大量集体性、创造性的活动来吸引人们的关注。

江小白青春小酒的传播和品牌打造主要依赖于线上宣传，充分利用互联网资源，主要通过微博、论坛、社区等年轻人经常关注的渠道与消费者互动。

5. 品牌定位

江小白除了在营销方面取得佳绩，还在企业经营的每个环节倾注了心血。品牌价值链以企业向用户承诺的最终品牌价值为导向和目标，从企业经营的整个业务链入手，梳理和改进每一环节，使其符合品牌价值的要求。这样的价值链贯穿企业经营的所有环节，包括产品研发、采购、生产、分销、服务、传播等。

课堂训练

根据自己的兴趣找一个产品分析其定位方法。

任务六　产品介绍在新媒体平台的运用

产品介绍在新媒体平台上的运用是一个多维度多策略的过程，旨在通过新媒体平台提升产品的知名度和销量。

一、新媒体平台的选择

在选择新媒体平台时，需要考虑目标受众的特点和使用习惯。常见的新媒体平台包括微信公众号、微博、抖音和小红书等。这些平台各有特色，适合不同类型的产品介绍和推广。

微信公众号：适合发布长文和图文并茂的内容，便于深入介绍产品的特点和优势。

微博：适合发布短文、图片或视频，便于快速传播产品信息和活动动态。

抖音：适合发布短视频，通过生动的视觉和听觉效果展示产品的使用场景和效果。

小红书：适合发布美妆、时尚等内容，针对特定消费群体进行产品介绍和推广。

二、产品介绍的策略

内容质量：优质内容是吸引用户关注的关键。产品介绍需要准确、详细，同时注重创意和吸引力。可以结合图片、视频、H5 等多媒体元素，使内容更加生动直观。

定位明确：根据不同平台的特点和受众定位，制定相应的产品介绍策略。例如，在微信公众号上可以发布深度文章，而在抖音上则注重短视频的创意和吸引力。

互动与反馈：鼓励用户参与互动，如评论、点赞、分享等。及时回应用户的反馈和问题，增强用户黏性和信任度。

三、新媒体平台的运用技巧

多平台发布：将产品介绍内容同时发布到多个新媒体平台，以扩大覆盖面和影响力。利用新媒体运营管理工具，可以一次性将内容发布到多个平台，从而提高效率。

数据分析与调整：通过分析各平台的用户数据，了解受众需求和偏好，及时调整产品介绍策略和内容。借助新媒体平台提供的数据分析工具，可以监测内容的阅读量、点赞数、评论数等指标，为优化策略提供依据。

合作与联动：与相关行业的企业、知名博主、达人等进行合作，共同推广产品。通过他们的影响力和粉丝基础，吸引更多潜在用户关注产品。

四、操作步骤

1. 明确产品定位和目标受众

精准定位产品：清晰界定产品的核心功能、特点、优势及市场定位。例如，一款运动App 的定位可能是为运动爱好者提供专业运动指导和社交平台。

确定目标受众：分析产品适合的人群特征，包括年龄、性别、兴趣爱好、消费习惯等，以便进行针对性介绍。例如，上述运动 App 的受众可能是 18～45 岁、热爱运动且追求健康生活的人群。

2. 选择合适的新媒体平台

根据平台特点选择：微信公众号适合深度内容分享和用户互动；抖音以短视频形式直观展示产品功能和使用场景；小红书适合通过图文笔记进行产品种草。

结合目标受众偏好：年轻群体多活跃于抖音、B 站；职场人士可能更常使用微博、知乎。根据受众喜好选择平台，可提高产品介绍的传播效果。

3. 制作吸引人的内容

在文案撰写中，标题要吸睛，突出产品亮点，如"神奇黑科技，让你的生活轻松翻倍"。内容上，语言简洁易懂，用生动形象的描述展现产品价值，还可加入用户案例或故事以增加可信度。

4. 图片和视频制作

贴合平台调性与受众喜好。制作图片时，先定主题风格，从素材网站或自行拍摄收集素材，借助专业的 Photoshop 或简易的 Canva 等工具，注重构图、色彩、文字设计。完成后按需导出并优化。制作视频则要先策划内容、写好脚本，拍摄时用稳定设备、合理布光，多视角拍摄，再用剪映或 Premiere 等软件剪辑，添加字幕、音效，最后输出合适格式发布。

训练示范

抖音平台的产品推广

一位数码博主计划推广智能手表。他拍摄了一段极具吸引力的开场视频，展示自己在户外运动时如何利用手表的精准定位和运动监测功能，及时调整运动状态。接着，在室内场景中，他详细介绍了手表的健康监测功能，如实时心率监测、睡眠分析等，还展示了手表与手机的便捷互联功能，可以及时接收消息、查看日程。博主亲自试用并分享使用感受，语言生动幽默，突出了产品的优势。视频发布后，凭借精彩的内容和抖音的推荐算法，播放量迅速突破 50 万，点赞数超过 5 万。评论区中询问购买链接的人数众多，成功带动产品销量。

课堂训练

尝试在抖音平台介绍广东特产梅州沙田柚蜜柚。

用好价格策略

学习指南

工作任务	掌握产品的价格策略	教学模式	讲授法、技能任务训练法
建议学时	8 学时	教学地点	多媒体教室
学习目标	知识目标	1. 了解和掌握产品价格的形成机制 2. 产品基本价格的制定方法 3. 服务产品定价的特点 4. 了解常用定价策略	
	能力目标	1. 分析产品的价格形成机制 2. 产品生命周期不同阶段的价格策略 3. 价格竞争的利弊分析 4. 价格策略的设计及运用	
	素质目标	1. 良好的价格分析能力 2. 价格策略设计能力 3. 价格策略应用能力	
关键词	价格的形成机制；价格策略		

思维导图

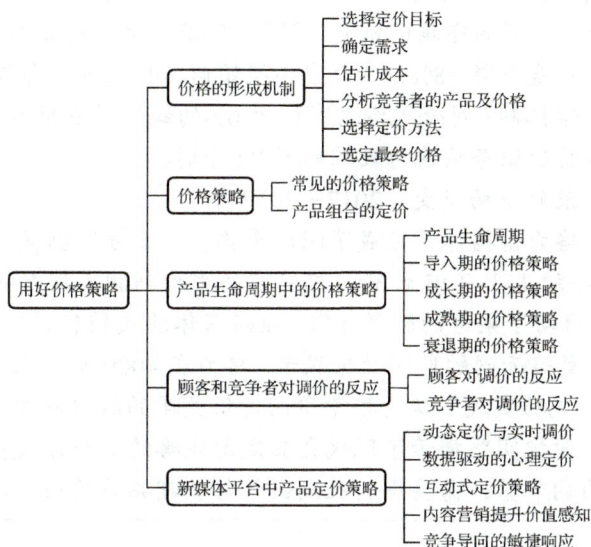

市营文化

熟探市价，逆料行情

市场行情瞬息万变，正如古人所言："早卖鲜，午卖蔫，阴晴热冷变价天。"市场的价格波动如同变幻莫测的天气，难以捉摸。只有熟悉行情的涨落和价格的变动，才能在适当的时候抓住机会，依靠价格的反弹，取得营销的主动权。只有领悟"贵极则反贱，贱极则复贵""贱取如珠玉，贵出如粪土"的智慧，才能在商业经营中如鱼得水，左右逢源，实现"宝肆宏开，财源不涸；陶朱猗顿，指日可待"的美好期盼。自古以来，商人们便熟练运用价格策略在市场中获利，这是他们智慧的结晶，也是商业竞争中不可或缺的生存法则。

案例 3-1

格力电器——"价格铁律"背后的渠道变革博弈

一、行业价格混战下的渠道失控（2013—2014 年）

2014 年空调销售旺季前夕，中国家电市场正经历渠道变革的阵痛。格力电器发现其引以为傲的"股份制区域销售公司"模式遭遇挑战：部分经销商为争夺市场份额，擅自突破厂家指导价进行低价倾销。某三线城市经销商张某透露："同款 1.5 匹变频空调，相邻两家专卖店的价格差可达 300 元。"这种价格乱象导致消费者对品牌价格体系产生信任危机，线上比价行为激增，实体渠道客流量同比下降 12%。

二、董氏铁腕下的价格管控（2015 年）

2015 年 3 月，格力电器董事长董明珠在年度经销商大会上宣布实施"价格铁律"政策。该政策包含三个核心条款：①全国统一零售指导价的浮动空间限制在±2%；②建立价格保证金制度，违规经销商需按每台 500 元缴纳违约金；③推行"云库存"系统，实时监控全国 3 万家门店的库存与售价。为强化执行，格力组建 200 人的价格稽查团队，并联合第三方市场调研机构进行暗访抽查。

三、渠道利益再平衡的阵痛（2015—2016 年）

政策实施首季度，格力遭遇渠道商集体反弹。浙江某地级市经销商联盟向总部提交联名信，指出"统一定价削弱终端促销灵活性"。数据显示，政策实施后三个月，二线城市经销商的单店月均销量下降 18%，部分中小经销商转投美的、海尔等竞品。面对危机，格力迅速启动渠道补偿机制：对合规经销商给予 6% 的销售返点提升，投入 8 亿元用于门店数字化改造，并将售后服务响应时效缩短至 24 小时。

四、价值重构带来的市场蜕变（2017—2019 年）

经过 3 年调整，格力价格体系完成了深度重构。第三方数据显示，2019 年格力空调终端价差率从 2014 年的 15% 压缩至 3%，经销商的平均利润率反而提升了 2.3 个百分点。更为关键的是，此举推动了渠道的转型升级，旗舰店体验式销售占比从 12% 提升至 35%，客单价增长了 28%。奥维云网的监测数据显示，格力在 4000 元以上中高端市场的占有率从 39% 跃升至 52%，成功实现了从价格竞争向价值竞争的战略转型。

格力电器的价格管控实践揭示了现代企业定价战略的三个维度：首先，价格的本质是价值链利益分配的调节器，需要平衡短期销量与长期品牌价值；其次，数字化管控系统是价格政策落地的技术基石；最后，价格管理必须与渠道赋能形成闭环，通过提升终端服务能力实现溢价空间。这种"刚性管控+柔性赋能"的组合策略，为制造业企业突破价格困局提供了可借鉴的范式。

企业产品的价格是影响市场需求和购买行为的主要因素之一，直接关系到企业的收益。如果企业的价格策略运用得当，能够促进产品销售，提高市场占有率，增强企业的竞争力；反之，则会制约企业的生存和发展。

任务一　价格的形成机制

企业确定价格的步骤主要包括选择定价目标、确定需求、估计成本、分析竞争者的产品及价格、选择定价方法、选定最终价格。

一、选择定价目标

定价目标是指企业为达到特定目的而制定价格目标。企业的定价目标从属于其经营目标，并以满足市场需求和实现盈利为基础，是实现企业整体经营目标的重要保障和手段。同时，它也是企业制定定价策略和选择定价方法的依据。由于企业所处的市场环境和竞争条件各不相同，定价目标可能有所差异。不同企业可能有不同的定价目标，即使是同一企业，在不同的发展阶段也可能制定不同的定价目标。

1. 利润目标

利润目标通常通过投资回报率、销售利润率、净资产收益率等关键指标衡量。投资回报可以追求高额利润率，或者一个"令人满意"的利润率水平。既可以着眼于短期的利润回收，也可以设定长期的投资回报目标。

2. 市场目标

市场目标不仅关乎销售量的显著提升，还涵盖市场份额的稳步增长以及市场渗透力的持续强化。这需要企业具备对市场趋势的敏锐洞察力和对消费者行为的深刻理解。通过精准的市场定位和有效的营销活动，企业可以逐步扩大其在目标市场中的影响力，从而实现销售量的飞跃。强化市场渗透力意味着深入理解不同细分市场的特点，并制定针对性的市场进入策略，以确保在潜在市场领域取得成功。

3. 竞争目标

在设定竞争目标时，企业必须深入分析市场竞争的实际情况，以制定切实可行的策略。这包括但不限于采用"市场领先定价"策略，即通过设定较高的价格体现产品的独特价值和品牌地位；选择"价格稳定"策略，通过保持价格稳定赢得消费者的信任和忠诚；采取"适应性竞争定价"策略，根据市场变化和竞争对手的定价动态灵活调整价格，以保持竞争力。这些策略各有优劣，企业应根据自身情况和市场环境选择最合适的竞争定价策略。

✅ 二、确定需求

市场需求是影响企业定价的重要因素。当产品价格高于某一水平时，将会无人购买，因此市场需求决定了产品价格的上限。通常情况下，随着产品价格的上涨，市场需求量会相应减少；反之，价格下降时，需求量则会增加。然而，也存在一些特殊情况，例如某些装饰品和珍贵收藏品，它们的需求量与价格之间呈正相关关系，这些商品往往象征社会地位和身份。

1. 需求的价格弹性

价格变动通常导致市场需求发生反向变化：价格上涨，需求减少；价格下降，需求增加。因此，需求曲线向下倾斜。对于某些声望商品，需求曲线可能向上倾斜。例如，香水价格上涨可能增加销量，但过度提价会减少需求。

企业定价需考虑需求的价格弹性，即市场对价格变化的敏感度。价格变化对需求影响小称为无弹性，影响大则称为有弹性。需求可能无弹性的情况包括：缺乏替代品、无竞争者、买者对价格不敏感、改变购买习惯较慢、认为产品质量提高或存在通货膨胀。若产品不具备上述条件，需求有弹性，企业应适当降价以刺激需求、促进销售、增加收入。

2. 影响需求价格弹性的因素

消费者对产品的需求程度：消费者对生活必需品的需求强度较大且比较稳定，因此生活必需品的需求弹性小；消费者对奢侈品的需求强度较小且不稳定，因此奢侈品的需求弹性大。

产品的重要性：如果某种产品的支出在消费者的总支出中所占比例较小，那么该产品的价格变动对消费者的影响较小，因此其需求的价格弹性较小；反之，其需求的价格弹性较大。

产品替代品的数量和可替代程度：一种产品的替代品越多、可替代程度越高，其需求弹性越大；反之，需求弹性越小。

产品用途的广泛性：一般来说，产品的用途越多，其需求弹性越大。

产品的耐用程度：一般情况下，耐用品的需求弹性较大，而非耐用品的需求弹性较小。

消费者的收入水平：同一产品对不同收入水平的人来说，需求弹性是不同的。因为一种产品对于高收入水平的人来说可能是生活必需品，需求弹性小；但对于低收入水平的人来说可能是奢侈品，需求弹性大。

3. 价格弹性与产品定价

由于不同产品的需求弹性不同，同一产品在不同价格水平上的需求弹性也可能不同。因此，企业在为产品定价时应该考虑需求的价格弹性。当需求富有弹性时，企业应该降低价格以刺激需求、扩大销售、增加收益。这时，虽然价格下降导致单位产品的销售收入减少，但由于需求增加的幅度大于价格下降的幅度，因此因需求增加、销售扩大而增加的收益在弥补因价格降低减少的收益后仍有剩余，企业的总收益会增加。对于需求富有弹性的产品，如果提高价格，反而会导致总收益减少。当需求缺乏弹性时，企业可以适当提高产品售价。这时，由于提价的幅度大于需求减少的幅度，会增加企业的总收益。对于需求缺乏弹性的产品，降价会减少企业的总收益。

三、估计成本

需求在很大程度上设定了企业价格的上限，而成本界定了价格的下限。从长远来看，任何产品的价格都应高于其成本，以便企业在生产经营过程中耗费的资源能够从销售收入中得到补偿，从而实现盈利，并确保生产经营活动的持续进行。价格应涵盖所有生产、分销和推销该产品的成本，还应包括对企业付出的努力和承担风险的合理回报。

1. 成本类型

固定成本指的是在短期内不随企业产量和销售收入波动而改变的生产费用。这包括厂房设备的折旧费、租金、利息以及行政人员的薪酬等。这类成本与企业的生产产量无关。

可变成本是随着生产水平变动而直接变化的成本。这包括原材料费、工人工资等。当企业停止生产时，可变成本将降至零。

总成本等于总固定成本与总可变成本之和。成本是企业收益的减项，降低成本是提高企业经济效益的有效途径之一。

2. 成本变化的规律

在短期内，企业的生产规模是既定的。为实现利润最大化，企业应该在产量既定的条件下选择生产要素的最佳投入组合，以达到最低成本；或者在成本既定的条件下选择生产要素的最佳投入组合，以实现最大产出。

在长期内，企业的生产规模可以调整。同样的产出数量可以由不同的生产规模生产出来，但由于存在规模经济效益，不同生产规模所产生的平均成本不一样。这时，企业应选择能够以最低平均成本生产既定产量的生产规模。

四、分析竞争者的产品及价格

价格是企业制定产品定价策略的重要参考因素。当企业的产品与竞争对手的产品在质量上相差无几时，双方的价格应大致保持一致；若企业的产品质量不及竞争对手，则应考虑将产品价格设定在较低水平；反之，若企业的产品质量优于竞争对手，则可以相应将价格定得更高。

五、选择定价方法

企业在为产品确定具体价格时，通常采用成本导向定价法、竞争导向定价法和需求导向定价法。

1. 成本导向定价法

成本导向定价法是以产品成本为基础，加上预期利润，并结合销售量等相关情况确定价格水平。这是企业最基本且最普遍的定价方法。在企业确定定价策略时，根据成本导向的不同应用，有以下具体方法。

（1）加成定价法

加成定价法是企业根据所确定的加成率和单位产品总成本来制定产品价格。由于毛利率的确定方法不同，加成定价法可分为成本加成定价法和售价加成定价法两种。

成本加成定价法：即按照单位成本加上一定百分比的加成率来制定价格。成本加成定价法中的加成率的计算公式为：

$$加成率＝（毛利÷销售成本）×100\%$$

产品单价的计算公式为：

$$产品单价＝单位产品总成本×（1+加成率）$$

例如：某皮鞋公司的单位成本为 15 元，加成率为 20%，则皮鞋的销售价格为 18 元。

这种方法的优点是计算简便。当同行业的企业都采用这种定价方法时，由于各企业的成本和目标利润率差异不大，制定出的价格也相差不大，能够避免过度的价格竞争，企业能够获取稳定的利润。然而，这种定价方法是从企业的角度出发考虑定价问题，忽视了市场需求、竞争情况以及消费者的心理因素。因此，制定出的价格与顾客的评价相关性较低，不利于产品的销售。

售价加成定价法：即在售价的基础上加上一定的加成率来制定价格。售价加成定价法的关键在于确定合理的加成率，这需要考虑商品的市场需求、稀缺性、品牌形象等因素。

售价加成定价法中的加成率计算公式为：

$$加成率＝（毛利÷销售收入）×100\%$$

产品价格的计算公式为：

$$产品单价＝单位产品总成本÷（1-加成率）$$

售价加成定价法的优缺点与成本加成定价法类似。但在售价相同的情况下，用这种方法计算出的加成率低于成本加成定价法的加成率，能给人合理的感觉，更容易被接受。零售部门较多采用售价加成定价法。

目标利润定价法（收益率定价法）：即根据估计的总销售收入（销售额）和估计的产量（销售量）来制定价格。

目标利润定价法中，产品价格的计算公式为：

$$产品价格＝（总成本+目标利润）÷预计销售量$$

假设企业的生产能力为 100 万个产品，估计未来时期 80% 的生产能力能够开工生产，则可生产并出售 80 万个产品；生产 80 万个产品的总成本估计为 1000 万元。若公司想实现 20% 的目标利润率，则目标利润为 200 万元，总收入为 1200 万元，目标价格为 15 元。

这种方法计算简便。如果企业能够按照制定的价格实现预计的销售量，就能达到预定的利润目标。在产品销售情况比较稳定的条件下，可以采用这种方法。但这种方法没有考虑顾客需求弹性和竞争者产品价格等因素对企业产品的影响。

（2）边际贡献定价法

边际贡献是指产品销售收入与产品变动成本的差额；单位产品边际贡献则是指产品单价与单位产品变动成本的差额。边际贡献在弥补固定成本后，如有剩余，则形成企业的纯收入；如果边际贡献不足以弥补固定成本，企业将会发生亏损。在企业经营不景气、销售困难、生存比获取利润更为重要时，或者在企业生产能力过剩、只能通过降低售价来扩大销售的情况下，可以采用边际贡献定价法。边际贡献定价法的原则是：只要产品单价高于单位变动成本，就可以考虑接受报价。因为无论企业是否生产或生产多少，在一定时期内固定成本都是固定的，而当产品单价高于单位变动成本时，产品销售收入在弥补变动成本后剩余的部分可以用于弥补固定成本，以减少企业亏损（在企业维持生存的情况下）或增加企业盈利（在企业扩大销售的情况下）。

例如，某企业某产品的年生产能力为 70 万件，年固定成本为 50 万元，单位产品变动成本为 1.80 元，产品单价为 3 元。当前企业只接到订单 40 万件，按照此计划生产，边际贡献在弥补部分固定成本后，企业仍亏损 2 万元。如果有客户追加订货 20 万件，每件报价为 2.40 元，根据边际贡献定价法原则，这一报价是可以接受的。接受此订单后，企业将实现盈利 10 万元。

2. 竞争导向定价法

市场竞争导向定价的目的在于开拓、巩固和改善企业在市场上的地位，保持市场竞争的优势。其具体做法灵活多样，主要包括以下方法。

随行就市定价法：企业按照行业的平均现行价格水平来定价。此方法常用于难以估算成本、企业与同行和平共处的情形。如果另行定价，可能难以预测购买者和竞争者的反应。

密封投标定价法：买方通过信息发布，明确列出所需采购商品的种类、数量、规格等详细要求，邀请卖方在指定的截止日期前提交投标。随后，在规定的时间内公开开标，从中挑选报价最低且条件最有利的卖方进行交易，并最终签订采购合同。

薄利多销定价法：以减少单位产品销售利润为代价，争取薄利多销，扩大销售量，获得规模效益，从而在市场竞争中巩固自身地位。

差别定价法（歧视定价法）：根据具体情况采取多种方式，如不同顾客不同价格、不同地区不同价格、不同时间不同价格、不同用途不同价格等。实行差别定价的前提条件是：市场必须是可细分的，且各个细分市场的需求强度不同；商品不可能转手倒卖；高价市场上不可能有竞争者削价竞销；同时，定价行为必须合法且不会引起顾客反感。

案例 3-2

小米手机的价格战术

小米在进入印度市场时采取了低价策略，以吸引对价格敏感的消费者。通过优化供应链和提高生产效率等方式，小米成功降低了成本，从而以极具竞争力的价格销售其智能手机。这一策略使小米在印度市场迅速崛起，成为当地市场份额领先的智能手机品牌。

同时，小米还根据市场需求和竞争状况灵活调整其产品线定价。例如，在推出新机型时，小米采取较高的定价策略，以树立品牌形象并吸引追求高端体验的消费者。而随着市场竞争加剧和技术普及，小米逐渐降低产品价格，以扩大市场份额并满足更多消费者的需求。

此外，小米还运用了差别定价法，针对不同地区、不同时间段和不同消费者群体制定不同的价格策略。例如，在"双 11""618"等电商促销期间，小米推出限时折扣和优惠券等促销活动，以刺激消费者的购买欲望。

通过这些灵活的定价策略，中国智能手机品牌不仅在国内市场取得显著成绩，还在国际市场上展现出强大的竞争力。它们不断适应市场变化，满足消费者需求，以创新和性价比为武器，在全球智能手机市场中崭露头角。

---

3. 需求导向定价法

需求导向定价法是以市场对产品的需求强度作为定价基础，结合成本与收入的变动关系确定产品价格。其方法包括需求弹性定价法和认知价值定价法。

需求弹性定价法是根据需求的价格弹性原理，分析在不同需求价格弹性状态下，采取提价或降价的定价策略，以刺激需求变化并保证企业定价目标实现。

认知价值定价法，又称感知价值定价法，是指企业按照消费者主观上对产品所感知的价值，而不是产品的成本费用水平来定价。企业利用市场营销组合中的非价格变量影响购买者，在他们头脑中形成感知价值，然后据此定价。企业在运用此方法时，需要正确估计购买者认可的价值。

☑ 六、选定最终价格

企业选定的最终价格必须与企业的定价政策、相关人员的意见以及相关法律法规相符合。

企业的定价政策是指明确企业所需的定价形象、对价格折扣的态度以及对竞争者价格的指导思想。

相关人员包括企业内部人员，如销售和广告团队成员，还包括经销商和供应商对定价的意见，同时需要评估竞争对手对所定价格可能产生的反应。

规范企业定价行为的相关法律法规包括《中华人民共和国价格法》《中华人民共和国反不正当竞争法》《明码标价和禁止价格欺诈规定》《制止牟取暴利的暂行规定》《价格违法行为行政处罚规定》《关于制止低价倾销行为的规定》等。

📀 案例 3-3

海尔的产品定价方法

近年来，家电企业生产能力严重过剩，由此引发的价格战愈演愈烈。然而，海尔在这些价格战中非但没有降价，反而提升了企业形象，销量持续增长，市场份额不断扩大。面对市场的降价压力，海尔是如何应对的呢？

1. 层次分明的价格组合

针对不同层次的消费者，海尔制定了不同的价格策略，通过制造差异化产品满足不同消费人群的需求。主管海尔国内市场业务的周云杰表示，海尔的生产线是连续性的，因此其产品的价格区间也是连续性的。从10000多元到2000多元，几乎每隔50元就有两款产品供消费者选择，可以满足不同需求和购买力的消费者。

2. 认知价值定价方法

海尔的价格政策使其能够根据产品所体现的实物价值、品牌价值、服务价值和其他价值形式，建立起在消费者心目中相对独立的认知价值，并以此作为产品的定价基础，形成了独特的价值认知体系。而这种认知价值体系的建立并不像价格那样可以简单模仿。这种独立的海尔价值与价格模式，建立在多年来积累的品牌资源和服务理念基础之上。这种无法被简单复制的品牌资源基础，造就了海尔品牌的核心竞争力，使其在激烈的市场竞争中依然能够立于不败之地。

3. 提高顾客让渡价值，增加顾客满意度

过去，商场的竞争主要以价格为主，而今天商场的竞争更多地表现为商品的让渡价值体系。海尔团队对顾客让渡价值有着深刻的理解和应用：顾客让渡价值是总顾客价值与总顾客成本之差，而总顾客价值由产品价值、服务价值、人员价值、形象价值等组成；总顾客成本包括商品的货币价格、时间成本、精力成本、体力成本等。传统的竞争理论一直认为价格因素是影响消费者购买行为的主要因素。然而，事实上，在消费者高度成熟的今天，他们已经不再单纯以价格作为购买的唯一衡量标准。与顾客让渡价值相关的因素在消费者的购买选择中越来越多地体现出来。海尔针对消费者这种价值认知心理，通过提高品牌形象和服务价值等方式提升顾客价值，增加顾客让渡价值，从而提高顾客满意度。由此，海尔巧妙地避免了以价格和利润作为竞争核心，而是确立以提高顾客让渡价值为竞争核心的品牌与服务理念，使其在激烈的市场竞争中游刃有余。在具有竞争力的顾客让渡价值体系中，海尔获得了最佳收益，这也是消费者对海尔价值认同的回报。

4. 以价值补偿替代价格变化

更多消费者更注重产品相关的其他价值因素。表面上看，价格因素似乎是主导购买行为的关键，而事实上，价值因素才是消费者真正关注的内在驱动因素。面对其他同类产品的降价压力，海尔很少简单跟随，而是积极在价格之外的因素中寻找补偿机会。海尔根据自身的产品、渠道、品牌、服务等方面，建立了真正符合自身的价格价值体系，从而以价值引导的形式补偿消费者对价格变化的敏感性。事实证明，这种价值补偿形式能够被大多数消费者接受。由于海尔产品质量优良、服务出色，经销海尔产品可以为经销商带来利益与信誉，海尔因此能够从这些商家获得强有力的支持。顾客普遍反映，这种做法拉近了顾客与海尔的距离，许多消费者甚至会购买一整套海尔电器。

思考：海尔家电产品的定价采用了哪些方法？

任务二 价格策略

✅ 一、常见的价格策略

价格是企业竞争的主要手段之一。企业除了根据不同的定价目标选择适当的定价方法外，还须根据复杂的市场情况采取灵活多变的价格策略。

（一）地区性定价

许多企业生产的产品不仅销售给本地顾客，还销售给外地顾客。在将产品销往外地时，会产生运输、仓储、装卸、保险等费用。这时，企业就面临地区性定价的问题，即在将产品销售给不同地区的顾客时，是执行统一价格还是差异化价格。

1. 产地定价

产地定价（Free on Board，FOB），即企业负责将产品装运到产地某种运输工具上交货，并承担交货前的一切风险和费用；交货后的风险和费用则由买方承担。这样定价，每个顾客都是按照企业的厂价购买产品，并分别负担从产地到目的地的风险和运费，是比较合理的。但这种定价法对企业的不利之处在于，远地的顾客可能因为承担较高的运费而不购买企业的产品，转而选购离其较近的企业产品。

2. 统一交货定价

统一交货定价与产地定价恰好相反。企业对不同地区的顾客都实行相同的价格，即按出厂价加上平均运费定价。这种定价方式计算简便，也便于顾客事先了解所购产品的总成本。这种定价方法比较适合运费在总价格中所占比重较小的产品，否则虽然对远方的顾客有吸引力，却会使近处的顾客感到不划算。例如，新飞电器集团对新飞冰箱在全国实行统一到岸价，由新飞集团统一配送货物并承担相关费用。据新飞集团称，这将有效理顺销售渠道、稳定产品价格、维护商家正常利益，而且有助于增强企业竞争力、降低损耗、巩固成熟市场和开拓边远市场。

3. 分区定价

分区定价是指将产品的销售市场划分为若干区域，为每个区域制定不同的价格，在同一区域内执行相同的价格。离企业较远的区域，价格定得较高。这种定价方式也存在不足之处：在同一价格区域内，顾客与企业的距离远近不一，离企业较近的顾客可能会觉得不划算；而处于相邻的两个价格区域边界两侧的顾客，相距不远，但需按不同的价格购买产品，支付较高价格的顾客可能会觉得不公平。

4. 基点定价

基点定价是指企业选定某些城市作为基点，然后按照基点城市的出厂价加上从基点城市到顾客所在地的运费来定价，而不考虑产品实际上是从哪个城市发出的。有些企业为了增加灵活性，会选取多个基点城市，并根据离顾客最近的基点计算运费。基点定价的产品价格结构缺乏弹性，竞争者较难进入市场，有助于避免价格竞争。顾客可以在任何基点购买产品，企业也能够将产品推向更远的市场，从而有利于市场扩展。

基点定价方式比较适合以下情况。

- 产品运费成本所占比重较大；
- 企业产品市场范围广，在多个地点设有生产点进行产品生产；
- 产品的价格弹性较小；
- 免运费定价。

当企业亟须与某个顾客达成交易或进入某个市场时，可能会为购买产品的顾客负担部分或全部运费。企业认为，这些交易能够增加销售额，由此引起的平均成本降低可以弥补这部分运费支出。同时，企业也加深了市场渗透，增强了竞争能力。

（二）价格折扣和折让

大多数企业通常会酌情调整其基本价格，以鼓励顾客及早付清货款、大量购买或在淡季增加购买。这种价格调整被称为价格折扣和折让。

1. 现金折扣

现金折扣是对及时付清账款的购买者给予的一种价格优惠。例如，"2/10，n/30"表示付款期限是 30 天，如果在成交后 10 天内付款，可享 2%的现金折扣。许多行业习惯采用此方法以加速资金周转，减少收账费用和坏账。

2. 数量折扣

数量折扣是企业给予那些大量购买某种产品的顾客的一种优惠，以鼓励顾客购买更多的货物。大量购买能够使企业降低生产、销售等环节的成本费用。例如，顾客购买某种商品在 100 单位以下时，每单位价格为 10 元；购买 100 单位及以上时，每单位价格为 9 元。

3. 职能折扣

职能折扣，也叫贸易折扣，是制造商给予中间商的一种额外优惠，使中间商能够以低于目录价格购买商品。

4. 季节折扣

季节折扣是企业鼓励顾客在淡季购买的一种优惠措施，使企业的生产和销售在一年四季中保持相对稳定。

5. 推广津贴

为扩大产品销路，生产企业向中间商提供促销津贴，这就是推广津贴。例如，零售商为企业产品刊登广告或设立橱窗，生产企业除承担部分广告费用外，还在产品价格上给予一定的优惠。

6. 折让

折让是根据价目表给予减价的一种让利形式，没有固定的减价比例，有时也没有明确的减价金额，而是根据具体情况确定。例如，以旧换新就是一种折让。洗衣机的以旧换新通常会规定一个折让金额；而汽车的以旧换新，折让金额则需要根据旧车的具体情况确定。此外，促销折让是指卖方向参与促销活动的中间商支付的报酬或给予的价格折让。

7. 贴息贷款

贴息贷款可以变相向顾客提供折让，折让的金额是企业替顾客支付的贷款利息。采用这种方式，不必降低价目表上的价格，同时还能扩大销售量。

（三）促销定价

促销定价是指在某些情况下，企业临时调低产品价格，以促进销售。

1. 招徕定价

一些超市和百货商店将某几种产品的价格定得特别低，以吸引顾客前来购买正常价格的产品。采取招徕定价方式时，要注意两个方面：一是特价产品的选择，这种产品既要对顾客有一定吸引力，又不能价值过高；二是数量要充足，保证供应，否则未能购买特价产品的顾客会产生一种被愚弄的感觉，从而严重损害企业形象。

2. 特别事件定价

特别事件定价是指企业利用开业庆典、开业纪念日或节假日等时机，降低某些产品价格，以吸引顾客购买。例如，一些商店利用寒暑假开学前的时机，降低学习用品价格，吸引学生购买。

3. 现金回扣

制造商向在特定时间内购买其产品的顾客给予现金回扣，以清理库存。例如，某地区的汽车制造商曾多次使用现金回扣来促进汽车销售。在初期阶段，这种策略较为有效，但后来便失效了，因为它只能为那些已经准备购买的顾客提供优惠，却无法吸引其他人购买汽车。

4. 心理折扣

企业在启动初期可能设定较高的产品价格，随后进行大幅度降价销售，例如标示"原价 5000 元，现价 4500 元"。然而，这种做法必须遵守相关法律法规，不得虚构原价或无依据地标注原价，也不得使用非本次降价前的售价作为原价。例如，某公司针对消费者心理，实施了"100 元购买价值 110 元商品"的折扣策略。从表面上看，这似乎与打九折的优惠相同，都是 10%的差价，但消费者的心理反应却有显著差异。九折优惠可能让消费者直觉上认为这是降价促销，从而怀疑商品质量；而"100 元购买价值 110 元商品"的策略则更容易让消费者感受到货币价值的提升，从而激发购买欲望。

（四）心理定价法

这是企业为迎合消费者消费心理需求而采取的定价策略和方法。主要有以下几种。

1. 尾数或整数定价

众多商品的价格倾向于设置为 0.98 元或 0.99 元，而不是整数 1 元，这是基于对消费者购买心理的深刻理解。尾数定价策略能够诱导消费者产生"物美价廉"的错觉，相较于定价为 1 元，更能激发消费者的积极反应，从而推动销售。反之，某些商品的定价不是 9.8 元，而是直接定为 10 元，这种策略同样利用了消费者的心理预期，即"一分钱一分货"，从而满足消费者对品质与价格之间关系的普遍认知。

2. 声望性定价

声望性定价旨在实现双重目标：一是通过定价策略提升产品的品牌形象，彰显其卓越与尊贵；二是满足消费者的高端地位需求，迎合其消费心理。对于那些经过企业长期精心打造、在顾客中树立起良好声誉的商品，消费者往往对其充满信任。因此，即便这些商品的定价高于市场平均水平，消费者依然愿意为之买单。这种定价策略尤其适用于药品、食品、化妆品以及医疗产品等行业。例如，某著名中药品牌凭借其悠久的历史和卓越的品质，在消费者中建立了极高的声誉。因此，该品牌的产品定价往往高于同类普通中药，但消费者依然乐于接受，因为价格在这里成为品质的象征。此外，还可以采用跌价保证策略：卖方承诺，若商品价格下跌，将根据买方原有存货数量进行退款，或对因价格下跌造成的损失部分给予补贴。这一策略为中间商和最终用户提供有效保障，有助于激发他们的购买热情。

3. 习惯性定价

习惯性定价是指某种产品由于同类产品众多，在市场上形成了一种习惯价格，个别生产者难以改变的定价方法。降价容易引起消费者对品质的怀疑，涨价则可能受到消费者的抵制。例如，某款椰汁饮料由于长期保持稳定的价格，已经在消费者心中形成习惯价格。即使市场上出现类似口味且价格更低的饮料，该椰汁饮料的销量仍然稳定，因为消费者对降价可能产生品质怀疑，而涨价则可能引发抵制情绪。

4. 梯子价格

梯子价格是指企业为不同数量的产品制定不同的价格，购买数量越多，单价越低。这种定价策略旨在鼓励消费者增加购买量，从而实现规模经济。例如，某家居用品品牌精选几款热销的家用产品作为试点，并设定一个为期 30 天的全价作为销售周期的起始价格。在前 12 天里，产品按全价销售，品牌方密切观察市场反应和顾客购买情况。从第 13 天到第 24 天，对未售出的产品降价 25%，以吸引更多价格敏感的顾客。而到了第 25 天到第 30 天，对仍未售出的产品进一步降价 75%，形成最后的清仓促销。为了广泛宣传这一促销活动，品牌通过线上线下多种渠道进行大力推广。他们营造"限时降价"和"售完即止"的紧迫感，促使顾客尽快做出购买决策。这一策略不仅增加了购物的趣味性和紧迫感，还成功吸引了大量顾客的关注。实施"梯子价格"策略后，试点产品的销量得到显著提升。特别是在降价促销期间，销量出现明显增长，甚至超过全价销售期间的销量。

5. 有意制定差价

实施价格歧视是一种市场营销策略，通过在不同时间或条件下设定不同价格，旨在最大化利润并满足不同顾客群体的需求。例如，一家玩具店在销售两款外观和功能几乎一致、仅颜色不同的玩具时，故意将其中一款的售价提高，而另一款维持原价。这种策略导致价格较高的玩具迅速售罄，因为消费者倾向认为价格更高的商品更有价值或更受欢迎。

二、产品组合的定价

1. 产品线定价

企业产品线中通常不止一个产品，此时企业应适当确定产品线中相关产品的价格差异。在确定价格差异时，要考虑各相关产品之间的成本差异、顾客对相关产品不同特点的评价以及竞争者产品的价格。当产品线中前后系列产品的价格差异较小，顾客往往会倾向于购买更先进的产品；如果两种产品的价格差异大于成本差异，企业的盈利可能会增加；但当价格差异过大时，顾客可能会选择购买较低级的产品。

2. 选购品的定价

许多企业在提供主要产品的同时，还提供与主要产品密切相关的一些附属产品，如自行车的车篮、汽车的防盗报警器等。企业首先要确定是否将这些产品与主要产品一起出售，即在产品的总价格中包含这些附属产品的价格，还是将这些产品作为选购品，由顾客自主决定是否购买。对于单独计价的选购品，企业还必须考虑如何为它们制定价格。企业可以将选购品的价格定得较低以吸引顾客，也可以定得较高以获取更多利润。

3. 附带产品的定价

附带产品是指必须与主要产品一起使用的产品，例如照相机的胶卷、计算机软件、主机的辅助设备和零部件等。企业往往将主要产品的价格定得较低，同时将附带产品的价格定得较高，通过低价促进主要产品的销售，从而带动附带产品的销售。附带产品的高额利润不仅能弥补主要产品降价的损失，还可以增加企业的盈利。

4. 副产品定价

在肉类加工和石油化工等行业的生产过程中，企业往往会产生副产品。如果这些副产品不能被有效利用，企业就需要花费额外的成本来处理它们，这将影响主要产品的策略。因此，企业必须为这些副产品寻找买主。只要买主愿意支付的价格高于企业储存和处理这些副产品的费用，这种交易就是可行的。这不仅能减少企业的支出，还能为主要产品制定更低的价格，从而提升企业的市场竞争力。

5. 组合产品定价

企业可以将相关产品组合在一起，以一个比分别购买更低的价格进行一揽子销售。例如，世界杯足球赛的套票、配套的茶具及餐具等商品。采用这种方式时，提供的价格优惠应足以吸引原本只计划购买部分产品的顾客转而购买全套产品。同时，企业需注意避免强制搭配销售，否则不仅无助于产品的销售，反而可能损害企业形象。

案例 3-4

某地区车展定价策略：政府与厂商的多维优惠体系

一、政府主导的补贴政策

1. 阶梯式购车补贴

新能源车：根据价格分档进行补贴，10万元以下补贴2000元，10万至20万元补贴3000元，20万至35万元补贴5000元，35万元以上补贴8000元。

燃油车：在相同的价格区间内，补贴分别为1000元、2000元、4000元、7000元。

2. 以旧换新专项补贴

置换新能源车可获得1.5万元补贴，燃油车可获得1万元补贴，补贴通过云闪付App直接发放。

二、厂商定价策略与促销活动

1. 价格直降与折扣

二线豪华品牌如凯迪拉克CT5五折起售（17万元起），大众朗逸直降4万元，日系品牌凯美瑞降至11万元起。

特斯拉Model 3焕新版降价1.55万元，Model Y降价0.75万元，长安CS75 PLUS全系直降1.5万元。

2. 差异化定价与捆绑销售

新能源车型推出"免息贷款+置换补贴"组合，例如东风本田CR-V综合优惠5.7万元。

问界M9赠送价值49999元的ADS高阶功能包及选配权益。

三、金融政策与分期方案

1. 低息贷款与分期优惠

工商银行某分行提供最高200万元的分期额度，新能源汽车专项贷款年利率低至3.5%。

2. 目标利润定价法的应用

厂商通过"高周转+低毛利"模式平衡利润，例如某车型单台净利仅为5元，但年销量超过2000万台，仍实现10亿元利润。

四、消费者心理定价策略

1. 锚定效应与整数关口

抽奖活动设置49999元现金大奖，强化消费者对"高价值回报"的感知。

2. 体验式营销与增值服务

车展设置AR寻宝、模拟赛道体验，成都车展推出潮改车展示，提升产品附加价值。

购车赠送华为手机、千元油卡等实物奖励，增强价格吸引力。

思考：上述案例中，这些品牌汽车在车展中分别采用了哪些定价策略？

任务三　产品生命周期中的价格策略

一、产品生命周期

产品生命周期是指产品从初次上市到最终退出市场的整个生命循环过程。只有经过研究、开发或试销阶段，并成功进入市场后，产品的生命周期才真正开始。当产品退出市场时，其生命周期也随之结束。一个典型的产品生命周期通常可划分为四个阶段：导入期、成长期、成熟期及衰退期。在这些不同的生命周期阶段，企业需要采取不同的定价和营销策略。

二、导入期的价格策略

导入期开始于新产品首次在市场上普遍销售之时。新产品进入导入期以前，需要经历开发、研制、试销等过程。当新产品投入市场，进入导入期时，顾客对产品还不了解，只有少数追求新奇的顾客可能购买，销售量很低。为了扩展销路，需要投入大量促销费用，对产品进行宣传。在这一阶段，由于技术方面的原因，产品不能大批量生产，因此成本较高，销售额增长缓慢，企业不仅得不到利润，反而可能亏损。导入期产品的市场特点是：产品销量少，促销费用高，制造成本高，销售利润常常很低甚至为负值。

1. 撇脂定价法

新产品上市之初，将价格定得较高，在短期内获取厚利，尽快收回投资。就像从牛奶中撇取所含的奶油一样，取其精华，这种定价策略称为"撇脂定价法"。这种方法特别适用于有专利保护的新产品的定价。

快速撇脂策略。 这种策略采用高价格、高促销费用，以求迅速扩大销售量，取得较高的市场占有率。采取这种策略必须具备一定的市场环境，例如：大多数潜在消费者尚不了解这种新产品；已经了解这种新产品的消费者急于求购，并且愿意按现有价格购买；企业面临潜在竞争者的威胁，因此需要迅速使消费者建立对自己产品的偏好。

缓慢撇脂策略。 这种策略以高价格、低促销费用的形式进行经营，以求获得更多的利润。它适用于市场规模较小、市场上大多数消费者已熟悉该新产品、购买者愿意支付高价且潜在竞争威胁不大的市场环境。

撇脂定价法适合需求弹性较小的细分市场，其优点如下。

- 新产品上市时，顾客对其缺乏理性认识，利用较高价格可以提升产品形象，迎合顾客的求新心理，有助于开拓市场。
- 主动性强，产品进入成熟期后，价格可分阶段逐步下降，有利于吸引新的购买者。
- 高价格限制需求量迅速增加，使其与生产能力相适应。

缺点在于：虽然获利丰厚，但这种状况不利于市场的进一步扩大，而且很快会吸引竞争对手，导致价格下滑，难以持久。

2. 渗透定价法

在新产品投放市场时，价格尽可能定得低一些，其目的是获得较高的销售量和最大市场占有率。这种方法适用于无显著特色的产品。

快速渗透策略。实行低价格、高促销费用的策略，迅速打入市场，争取尽可能高的市场占有率。在市场容量较大、消费者对这种产品不熟悉但对价格敏感、潜在竞争激烈、企业随着生产规模的扩大可以降低单位生产成本的情况下，适合采用这种策略。

缓慢渗透策略。这种策略是以低价格、低促销费用来推出新产品。适用于市场容量较大、消费者熟悉这种产品但对价格敏感，并且存在潜在竞争者的市场环境。

对于企业来说，采取撇脂定价还是渗透定价，需要综合考虑市场需求、竞争状况、供给情况、市场潜力、价格弹性、产品特性以及企业发展战略等因素。

三、成长期的价格策略

新产品经过导入期后，消费者对该产品已经熟悉，消费习惯逐渐形成，销售量迅速增长，此时新产品进入成长期。进入成长期后，老顾客重复购买并带来新顾客，销售量激增，企业利润迅速增长。在这一阶段，利润达到最大值。随着销售量的增加，企业生产规模逐步扩大，产品成本逐步降低，同时新的竞争者开始进入市场竞争。随着竞争的加剧，新产品特性逐渐显现，市场开始细分，分销渠道也随之增加。企业为维持市场的持续增长，需要保持或适当增加促销费用，但由于销量增加，平均促销费用有所下降。在产品的成长期，价格的制定应根据导入期采用的是撇脂定价法还是渗透定价法来决定。在适当的时机，可以采取降价策略，以激发对价格较为敏感的消费者的购买动机并促使其采取购买行动。

四、成熟期的价格策略

产品经过成长期一段时间后，销售量的增长会逐渐放缓，利润开始下降，这表明产品已进入成熟期。进入成熟期后，产品的销售量增长缓慢，逐步达到最高峰，然后开始下降；销售利润也从成长期的最高点开始下滑。市场竞争非常激烈，各种品牌和款式的同类产品不断涌现。对于成熟期的产品，企业需要采取主动出击策略，以延长成熟期或促使产品生命周期出现再循环。在此阶段，竞争异常激烈，企业的重要任务是通过降低价格应对竞争。大量小型企业将在竞争中被淘汰，市场逐渐形成以大型企业为主导的垄断格局。

五、衰退期的价格策略

在成熟期，产品的销售量从缓慢增加到缓慢下降。如果销售量的下降速度开始加剧，利润水平很低，在一般情况下，可以认为这种产品已进入市场生命周期的衰退期。衰退期的主要特点是：产品的销售量急剧下降；企业从这种产品中获得的利润很低甚至为零；大量竞争者退出市场；消费者的消费习惯已发生转变；等等。面对处于衰退期的产品，企业需要进行认真的研究分析，决定采取什么策略以及在什么时间退出市场。通常有以下几种策略可供选择。

1. 继续策略

继续策略是指沿用过去的策略，仍按原来的细分市场，使用相同的分销渠道、定价及促销方式，直到这种产品完全退出市场。

2. 集中策略

集中策略是指将企业的能力和资源集中在最有利的细分市场和销售渠道上，从中获取利润。这种方式有利于缩短产品退出市场的时间，同时还能为企业创造更多的利润。

3. 收缩策略

收缩策略是指大幅降低促销水平，尽量减少销售和推销费用，以增加当前利润。这种策略可能会加速产品在市场上的衰退，但能够从忠实于该产品的顾客中获取利润。

4. 放弃策略

对于衰退较快的产品，应当果断决策，放弃经营。可以采取完全放弃的形式，例如将产品彻底转移或立即停止生产；也可以采取逐步放弃的方式，使其占用资源逐步转向其他产品。

任务四　顾客和竞争者对调价的反应

一、顾客对调价的反应

1. 即时消费行为反应：价格弹性显性化

在必需品市场中，价格弹性往往表现出较弱的敏感性。以食用油为例，2023 年全国范围内食用油价格集体上涨 8%，根据国家统计局的数据，销量仅下降了 2.3%。然而，家庭囤积行为导致库存周期缩短了 37%。这一现象揭示了消费者对生活必需品的刚性需求，使他们对价格变动的容忍度相对较高，同时也通过提前购买规避未来价格上涨的风险。

相比之下，在可选消费品市场，价格敏感度显著增强。以小米 13 手机为例，当价格下调 300 元（降幅达到 6.7%）时，直接导致周销量激增 215%。这类非必需品的消费行为更容易受到价格信号的影响，价格变动成为影响消费者决策的重要因素。

渠道迁徙效应进一步凸显了价格敏感度的显著性。当线下实体店提高价格时，有 62% 的消费者转向了比价平台（例如"什么值得买""盖得排行"）。美团闪购的数据显示，2023 年日化用品线下价格上涨 5%，相应线上渠道的订单量增长了 18%。这一效应表明，价格调整不仅影响销量，还重塑了消费场景和渠道选择。

2. 长期心理认知演变：价格与质量推断以及公平感知

价格调整通过心理锚定效应重塑品牌认知。例如，某高端品牌羽绒服年均提价 9%，同时该品牌的高端品牌认知度提升了 14%。这表明提价策略能够触发"品质升级"的联想。相反，某国产化妆品降价 30% 后，天猫平台"正品保障"的搜索关联度上升了 58%。这反映出降价容易引发"价值贬值"的担忧，消费者通过外部信息验证质量的稳定性。

公平感知阈值在不同品类之间表现出显著差异。例如，某咖啡品牌的拿铁涨价 2 元，引发了微博话题"咖啡刺客"，而某汽车品牌降价 1.4 万元则获得了超过 10 万条"良心企业"的好评。这种差异源于消费者对咖啡（高频低价）与汽车（低频高价）的价格容忍区间不同，这体现了心理账户理论的实际应用。

二、竞争者对调价的反应

竞争者调价往往是企业在动态市场博弈中需要考虑的重要因素。竞争者的反应主要有三种类型。

1. 相向式反应

当一方提高价格，另一方也相应提高价格；一方降低价格，另一方也跟随降价。这种一致的行为对企业的影响相对较小，通常不会引发严重后果。只要企业坚持合理的营销策略，就能保持市场地位，不会失去市场份额。

相向式反应在寡头市场中尤为常见，它体现了一种典型的价格跟随策略。例如，在乳制品行业中，当某有机奶品牌宣布提价 5%后，另一家类似品牌通常会在 72 小时内作出价格调整，以保持双方市场份额的差距在±1.5%的范围内。这种价格联动既是市场竞争的自然产物，也是为了避免市场份额流失而作出的理性决策。

2. 逆向式反应

当一方提高价格，另一方却选择降价或保持原价；反之亦然。这种策略上的相互对抗影响深远，竞争者的意图也显而易见——利用机会抢占市场份额。例如，某地区两家服装公司 Z 品牌与 U 品牌之间的价格战：Z 品牌宣布提价 13%后，U 品牌随即启动"价格冻结计划"，通过门店电子屏幕实时展示与上一年价格的对比，成功吸引了 23%的流失客户。U 品牌通过这种逆向策略，利用消费者对价格的记忆，重塑性价比的认知，从而获得更大的市场份额。面对这种逆向式调价策略，企业必须进行深入的调查与分析：首先，明确竞争者的具体目标；其次，评估竞争者的实力；最后，了解市场竞争的整体格局。

在竞争激烈的同质化产品市场中，一旦竞争对手采取降价策略，企业往往不得不跟随降价，否则可能会流失客户。然而，当某家企业尝试提高价格时，其他企业也会考虑跟进（如果涨价对整个行业有益）。但若有一家企业选择不涨价，那么最先尝试提价的企业和其他企业最终可能不得不放弃涨价计划。

在差异化产品市场中，消费者在做购买决策时会考虑多种因素，包括产品质量、服务水平、可靠性等，而非仅关注价格。因此，当价格差异较小时，消费者可能不会作出强烈反应或显得不敏感，这为企业在面对竞争对手的价格调整时提供了更大的策略自由度。

3. 交错式反应（非价格维度博弈）

面对企业调价，众多竞争者反应各异，有的相向而行，有的逆流而上，还有的保持不变，局势纷繁复杂。价格调整并非企业应对竞争的唯一策略，广告、服务和技术创新等其他因素同样可以作为竞争博弈的工具。

以服务为例，服务质量的提升能有效缓解价格劣势。例如，在格力降价期间，美的将空调安装服务从"24 小时上门"升级至"6 小时极速安装"，通过服务溢价抵消 6%的价格劣势，并使市场份额逆势增长了 1.2 个百分点。服务的差异化成为价格竞争的有效缓冲。而技术壁垒的构建则通过提高生产效率来维持定价权。例如，海天味业在面对低价调味品竞争时，投资 12 亿元建设了"智能发酵塔"，将酱油的酿造周期缩短至行业平均水平的三分之一。通过技术的不断迭代，海天在保持价格稳定的同时，进一步压缩中小竞争对手的市场空间。

企业在作出反应之前，必须先进行分析：竞争者调价的动机是什么，调价是短期行为还是长期战略，企业能否持续应对？同时，企业还应权衡利弊：是否需要作出回应，如何回应？此外，还需分析价格的需求弹性、产品成本与销售量之间的复杂关系等问题。为了迅速作出反应，企业最好提前制定应对程序，届时按部就班地处理，以提高反应的灵活性和效率。

案例 3-5

某超市挤走低价泡面档口后大幅涨价

2024 年，某高校食堂内一家长期以 3.5 元售卖泡面的个体档口因竞争压力被迫停业。随后，超市将同类泡面的价格提升至 10 元，并要求食堂其他档口同步涨价。这一调价行为迅速引发连锁反应，集中体现了消费者与竞争者对价格变动的复杂反馈机制。

消费者方面，调价触发了强烈的负面心理联想。首先，学生对 10 元的高价泡面产生质量怀疑，认为商家可能通过减少分量或使用廉价原料维持利润，形成"高价低质"的认知偏差。其次，原 3.5 元的低价档口因长期经营积累了情感黏性，涨价行为被解读为"剥夺消费选择权"，激发集体抵制情绪。从行为经济学角度看，3.5 元的历史价格成为心理锚点，10 元定价远超消费者对泡面的价值预期，导致价格不公平感加剧。在实际行为上，部分消费者转向外卖平台或校外便利店购买低价泡面，超市销量不升反降。同时，学生群体通过社交媒体曝光事件，呼吁市场监管介入，最终形成舆论压力，迫使超市回调价格至 6 元。

竞争者方面，直接竞对与行业层面均作出多维反制。食堂其他档口在超市施压下被迫提价，但部分商户通过隐性降价策略（如"买泡面送卤蛋"）变相维持竞争力。校外便利店则抓住机会推出"3.5 元怀旧泡面套餐"，利用价格差异吸引客流，间接削弱超市的定价权。在行业博弈中，连锁便利店通过优化供应链降低采购成本，以"低价+24 小时营业"的组合争夺市场。同时，部分商家向市场监管部门举报超市涉嫌"滥用市场支配地位"，推动反垄断调查，迫使超市重新评估定价策略的合规性。

思考：长期来看，超市的涨价行为还会引发什么样的市场变化？

任务五 新媒体平台中产品定价策略

新媒体平台为产品定价提供了独特的优势和策略空间。通过整合用户行为数据、实时互动和精准营销，企业可以优化定价策略，提升市场竞争力。以下是六大核心策略。

一、动态定价与实时调价

1. 实时监控用户行为

在浏览抖音、翻阅微博等平台时，系统实际上会持续监控用户行为，基于对用户兴趣的洞察。例如，若用户在直播间对某款包包表现出反复关注，商家可能会立即采取行动，将价格上调 5%。相反，在产品缺乏足够关注的情况下，系统可能会通过限时折扣吸引潜在买家。

通过平台（如抖音、微信、微博）的实时数据监控功能，根据用户的点击量、停留时间、互动率等关键行为指标，动态调整商品价格。例如，当某产品在直播间的点击率显著上升时，部分商家会适时提高价格；反之，若互动率下降，则可能通过限时折扣刺激购买。某美妆品牌通过抖音直播间的实时监控发现，某款口红的点击量突破 1 万次后，将原价从 199 元调整为 219 元，销量反而增加了 15%。这反映了用户倾向于将"热销"等同于"高价值"的心理。

2. 季节性或时段性定价策略

在零售业中，季节性或时段性定价是一种常见的策略，即商家根据特定节假日或销售季节调整商品价格。例如，"双 11"和"618"已成为标志性的购物节，消费者期待在此期间获得特别优惠。商家可以利用这些时机推出限时折扣或促销活动，以吸引顾客。在"双11"前夕，商家通过微信平台精心策划的"前 100 名半价"活动，不仅能够激发消费者的紧迫感，促使他们快速作出购买决定，还能通过这种限时抢购模式增加品牌的曝光度和话题性。这种策略的成功在于结合消费者对节日购物的期待和对优惠的敏感性，同时也体现商家对市场动态的敏锐洞察力和对消费者心理的精准把握。

二、数据驱动的心理定价

1. 锚定效应与价格尾数

通过突出"原价—现价"的对比（例如"原价 899 元，限时特惠价 599 元"），可以利用视觉锚点来强化消费者对折扣的感知。同时，采用以"9"结尾的定价策略（例如 299 元而非 300 元），可以有效降低消费者对价格的敏感度。

例如，某知识付费平台的课程详情页中嵌入带有"原价 1999 元"删除线的提示，实际售价 399 元，并在下方标注"已有××人购买"的动态提示。在双重锚点的刺激下，转化率提升了 63%。直播间常用的"阶梯式秒杀"（第 1 分钟 9.9 元，第 5 分钟 19.9 元）本质上是一种动态锚点策略。

2. 分层定价策略与增值服务的结合

借助平台，可以推出具有区分度的套餐，以满足不同用户群体的需求。例如，某短视频平台提出了三种套餐类型：基础版套餐作为低价引流策略的一部分，通过精心制作的短视频向潜在客户展示核心功能，定价低于竞争对手的 10%，旨在吸引广泛的用户基础。旗舰版套餐作为中端利润模式的代表，不仅包含基础版的所有功能，还额外提供教程或会员服务，以提供更全面的用户体验。这种套餐的价格比基础版高出 30%，旨在吸引那些愿意为更优质服务支付更多费用的用户。定制版套餐作为高端溢价方案，提供个性化的 1 对 1 咨询服务，满足那些寻求高度定制化服务的用户需求，其价格为基础版的两倍，体现了对高端市场的定位和对用户个性化需求的重视。

三、互动式定价策略

1. 用户参与定价决策

通过在微博、微信等社交平台发起投票活动，让用户选择"期望价格区间"，并根据投票结果调整产品定价。例如，某潮牌在抖音上开展"你定价格我生产"活动，让用户投票决定联名款的定价区间。最终，定价为 89 元的产品（成本为 45 元）以 72%的投票率脱颖而出，其预售量达到常规款式的 5.8 倍。这种参与感直接提升用户对价格的接受度。

2. 游戏化定价机制

设计互动游戏（如转盘抽奖、拼团砍价），让用户通过完成特定任务解锁隐藏的优惠价格。例如，拼多多的"砍价免费拿"模式利用社交裂变效应，以低成本吸引新客户。某在线教育 App 推出"知识闯关定价"机制：用户完成能力测试题后，系统根据正确率解锁专属折扣。数据显示，参与该机制的用户续费率比常规用户高出 59%，投诉率则下降了 28%。

四、内容营销提升价值感知

1. UGC（用户生成内容）赋能溢价

鼓励用户分享使用产品的真实体验、创意玩法或改造故事，通过口碑传播提升品牌认知度和产品价值。例如，某家居品牌发起"我的创意家居改造计划"，用户上传改造前后的对比照片和心得。优秀内容可获得品牌曝光机会和优惠券奖励。这种模式不仅增强了用户的参与感和归属感，还通过用户的真实反馈和创意展示，为产品赋予更高的情感价值和溢价空间。

2. KOL/KOC 背书定价

与具有影响力的意见领袖（KOL）或关键意见消费者（KOC）合作，通过他们的推荐和背书，提升产品的可信度和吸引力。KOL/KOC 可以根据其粉丝群体特点和影响力，为产品定制专属推广内容和价格策略。例如，某美妆博主通过试妆视频展示产品效果，并结合粉丝福利活动设定限时优惠价格，有效促进了产品销售和品牌传播。

五、竞争导向的敏捷响应

在激烈的市场竞争中，企业必须具备快速响应能力，尤其是在应对竞争对手价格变动以及制定差异化定价策略以实现市场区隔方面。

（1）竞品价格监控与快速反击

企业需要建立一套完善的竞品价格监控体系，实时追踪竞争对手的价格动态。一旦发现竞品出现降价或促销行为，企业应立即评估其对自身产品销售可能产生的影响，并迅速制定应对策略。这些策略可以包括调整价格、加大促销力度、提升产品附加值等，以确保在竞争中保持优势。

（2）差异化定价区隔

在竞争激烈的市场环境中，差异化定价策略是提升企业竞争力的关键手段。企业应根据不同消费群体的需求、购买能力和消费习惯等因素，为同一产品或服务制定不同价格。通过实施差异化定价，企业不仅能够更好地满足消费者的个性化需求，还能避免与竞争对手在价格上进行直接竞争，从而有效实现市场区隔。

课堂训练

根据以上价格策略，尝试在抖音平台介绍广东特产从化荔枝。

运用成本最优化的渠道体系

学习指南

工作任务	运用成本最优化的渠道体系	教学模式	讲授法
建议学时	4 学时	教学地点	多媒体教室
学习目标	知识目标 1. 了解和掌握分销渠道的概念和功能 2. 了解渠道成员和分销渠道的类型 3. 掌握建立分销渠道的步骤 4. 了解渠道成员选择标准 5. 掌握激励渠道成员的方法		
	能力目标 1. 拥有分销渠道的基本知识 2. 具备制作分销渠道方案的能力 3. 具备选择渠道成员的能力 4. 具备管理分销渠道的能力		
	素质目标 1. 具有渠道意识 2. 具有团队协作能力 3. 具有市场环境调研的能力 4. 具有渠道成员的评估能力 5. 具有爱岗敬业的职业道德和严谨、务实的作风		
关键词	分销渠道；渠道方案；渠道管理		

思维导图

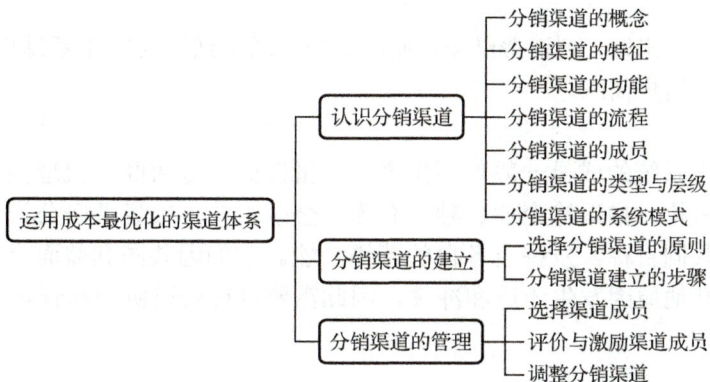

市营文化

小小一支笔为何年产 50 亿支

"杂物社"是许多孩子喜欢的文创店。最新公布的年报显示，全国范围内，晨光拥有近7 万家使用"晨光文具"店招的零售终端、741 家九木杂物社、38 家晨光生活馆，并在电商渠道拥有上千家授权店铺。2024 年，晨光实现营业收入 242.28 亿元，同比增长 3.76%。其中，九木杂物社实现营业收入 14.06 亿元，同比增长 13%。

线下门店有着不可替代的触感。为此，晨光积极探索以文创的方式赋予生活小物更多情感、创意和功能，让更多人享受来自文创、文具的美好生活。例如，在春季与一些城市地标建筑联合打造"最美"文具店，让消费者在沉浸式的逛展体验中感受传统文化；秋季推出"晨意暖暖好物知秋"主题及自带桂花香味的文具系列，让年轻消费者在城市漫步时也能"打卡"集章。

（来源：新华社）

任务一　认识分销渠道

✅ 一、分销渠道的概念

分销渠道是指产品的所有权从生产商转移到最终消费者过程中经过的所有企业或个人所构成的流通渠道。其中，有些企业或个人（如批发商和零售商）通过购买商品、获得产品所有权后再出售以赚取差价，被称为中间商。

✅ 二、分销渠道的特征

分销渠道是促使产品（服务）在市场交易过程中顺利转移给消费者使用或消费的一整套相互依存的组织，具有以下特征。

1. 分销渠道能反映某种特定产品（服务）价值实现的全过程

分销渠道从生产出发，到消费结束，使产品在市场上通过交换不断地向消费领域靠近，通过价值实现满足用户需求。

2. 分销渠道是由一系列相互依存的组织按一定目标结合起来的网络系统

分销渠道网络系统的成员一般包括生产商、批发商、零售商、代理商和消费者，以及一些支持分销的机构，如运输企业、独立仓库、金融机构、市场调研公司、广告公司等。这些组织为实现共同目标，发挥着各自的营销功能。它们因共同利益而合作，也可能因不同的利益追求和其他原因发生矛盾和冲突，因此需要进行渠道协调和管理。

3. 分销渠道的核心业务是购销

产品在渠道中通过一次或多次购销行为转移商品的所有权或使用权，使商品能够顺利流向消费者。而购销行为次数的多少决定了渠道的层次以及参与渠道的组织成员的数量，从而形成了由利益决定的或长或短的渠道。

4. 分销渠道是一个多功能系统

分销渠道在市场上不仅承担着调研、购销、融资、储运等多种职能，还能够在合适的地点、适当的时间，以适当的质量、数量和价格供应产品和服务，满足目标市场消费者的需求。此外，它还可以通过渠道成员共同的营销努力，为产品和服务开拓市场，刺激需求。在系统网络之间，面对竞争，渠道成员还需要进行自我调节与创新，以便建立与细分市场之间更精准有效的联系。

三、分销渠道的功能

在市场竞争日益激烈的今天，分销渠道是市场营销活动的基本环节，是实现产品价值的重要通道。企业间的竞争已逐步演变为各企业分销网络的竞争。因此，分销渠道对企业而言十分重要，有"得渠道者得天下"之说。分销渠道的主要功能如下。

1. 连接产销

分销渠道就像连接生产和消费的一座桥梁，将营销活动中的两个终端（生产者和消费者）连接在一起，减少交易过程中因条件差异产生的矛盾。

2. 沟通信息

企业可以通过渠道成员对市场进行有效调研，收集并了解产品的销售情况、现实及潜在客户的需求变化，及时掌握行业竞争的各种动态信息，从而确保产品适销对路并实现快速流转。

3. 促进销售

渠道成员能够将企业针对产品制定的促销信息传递给消费者，促进生产商与消费者之间的信息有效流动，从而推动销售量增长。同时，渠道成员还具有开拓市场的功能，提升产品的市场曝光度。

4. 分散风险

渠道成员可以为生产企业分担部分渠道建立与开拓的成本以及产品销售成本。此外，渠道成员还承担因市场需求变化或市场价格波动对产品销售造成的影响，从而帮助企业分散风险。

5. 实物分销

在商品流转过程中，渠道成员可以对商品实物进行运输、储存、加工、包装、信息处理等工作，以确保商品能够高效、适时地到达最终消费者手中。

6. 协商谈判

分销渠道中的中间商为了扩大销售量、实现利益最大化，会积极维持现有顾客关系并寻找潜在顾客，同时与顾客就产品价格、购货数量、付款方式、交货条件等进行磋商，促使交易达成。

案例 4-1

卫龙 2024 年报亮眼：全渠道创新助力业绩增长

在竞争激烈的辣味休闲食品行业中，卫龙美味全球控股有限公司（以下简称"卫龙"）凭借在产品品质、营销策略和渠道布局上的持续深耕，与行业共同向好发展。2025 年 3 月 27 日晚，卫龙发布了 2024 年年报。报告显示，卫龙在过去一年中实现了显著的业绩增长，全年总收入达到人民币 62.66 亿元，同比上升 28.6%；年内利润为人民币 10.68 亿元，同比上升 21.3%。这一业绩的取得得益于卫龙对消费者需求的深入洞察，更离不开其在渠道布局和销售策略上的不断创新与优化。

卫龙在渠道布局上采取了全渠道覆盖的策略，实现了线上线下的深度融合。在线上渠道方面，卫龙积极布局各大电商平台，如天猫、京东和拼多多，建立官方旗舰店，确保产品在不同平台的可见性和便捷购买渠道。同时，卫龙还紧跟新兴内容电商平台的趋势，积极拓展抖音、快手、小红书等新兴渠道，通过短视频和直播等形式吸引年轻消费群体，增强品牌互动，提升市场影响力。

在线下渠道方面，卫龙进一步加强了与传统连锁商超、便利店等渠道的合作，并积极拓展零食量贩店、仓储会员店等新兴渠道。卫龙与众多线下经销商达成合作，服务全国或区域性的重点商超、零食量贩店、连锁便利店及其他销售终端，实现了销售渠道的多元化和广泛覆盖。

（来源：日照新闻）

思考：卫龙在分销渠道上有哪些设置？

四、分销渠道的流程

1. 实物流程

实物流程又称物流，是指产品实物在空间上从生产者转移到最终消费者的过程，包括运输和储存过程，也包括与之相关的产品实物的包装、加工、装卸等活动。实物流程如图 4-1 所示。

```
生产商 → 物流企业、仓储企业 → 中间商 → 物流企业、仓储企业 → 消费者
```

图 4-1　实物流程

2. 所有权流程

所有权流程又称商流，是指产品的所有权从生产者向最终消费者转移的过程。所有权流程如图 4-2 所示。

```
生产商 → 中间商 → 消费者
```

图 4-2　所有权流程

3. 付款流程

付款流程也称为资金流，是指商品货款从最终消费者流向生产者的过程。付款流程如图 4-3 所示。

生产商 ← 金融机构 ← 中间商 ← 金融机构 ← 最终消费者

图 4-3　付款流程

4. 信息流程

信息流程又称信息流，是指产品从生产商向最终消费者转移过程中涉及的信息收集、传递、加工和处理的活动。信息流程如图 4-4 所示。

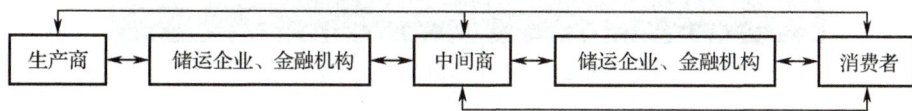

生产商 ↔ 储运企业、金融机构 ↔ 中间商 ↔ 储运企业、金融机构 ↔ 消费者

图 4-4　信息流程

5. 促销流程

促销流程又称促销流，是指分销渠道中所有成员为促进产品实物或所有权的转移，通过促销活动增强渠道影响力的过程。促销流程如图 4-5 所示。

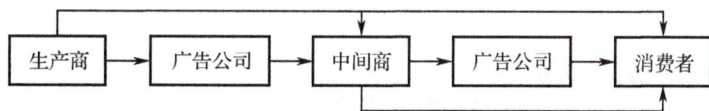

生产商 → 广告公司 → 中间商 → 广告公司 → 消费者

图 4-5　促销流程

五、分销渠道的成员

渠道成员包括产品的生产者、最终消费者，以及产品在分销与流通过程中涉及的所有成员。但从生产商的角度来看，渠道成员主要是指中间商和代理商。中间商包括批发商和零售商，而代理商则主要指经纪人和代理人。

1. 批发商

批发商是指从事商品转售、加工或改变商品商业用途的各种交易活动的企业或个人，他们对商品拥有所有权。批发商的服务对象是生产企业或零售商，而不是最终消费者。例如广州白马服装市场，如图 4-6 所示，各大城市的服装零售商通常前往此类市场批量采购商品，然后将服装销售给消费者。

2. 零售商

零售商是指直接向最终消费者销售商品以满足其生活消费需求的企业或个人，他们同样对商品拥有所有权。因此，与批发商不同，零售商的购买者是最终消费者，他们的购买动机通常是满足个人和家庭的需要，这区别于商业机构或慈善组织的购买动机。

零售活动既包括以有形商品为对象的活动，也涵盖许多无形服务的销售活动，如理发、美容、按摩、家政服务、代购车票以及旅游服务的提供等。生产商、批发商和零售商均可从事零售活动。而零售商根据经营形式可分为商店零售商和无店铺零售商两类。

图 4-6　广州白马服装市场

商店零售商是指通过店铺向消费者销售商品或提供服务的一种零售方式。商店零售商的主要业态分类如表 4-1 所示。

表 4-1　商店零售商的主要业态

业　态	定　义	特　点		
		辐射范围及目标顾客	规　模	经营结构
百货商店	是指根据不同商品部门设置销售区，开展商品管理流程，满足顾客商品选择多样化需求的零售业态	主要面向中产及中产以上阶层的目标顾客群	营业面积 $6000m^2$～$20000m^2$	综合性强，经营的产品组合广且深。经营的产品多为优质、高档、时尚和名牌商品，价格也较高
专业商店	是指专门经营某一类或某几类专业性产品的店铺	主要以有目的地选购某类商品的流动顾客为主	根据商品特点而定	专业性强。其产品线较窄，但品种、规格、样式齐全
超级市场	简称超市，是指以顾客自选方式经营食品、家庭日用品为主的大型综合性零售商店	辐射半径为2km以上，目标以居民为主	营业面积 $6000m^2$ 左右	品种齐全。主要经营各种食品、服装、家庭日用杂品、家用电器、玩具等
便利店	是指位于居民区附近，以经营即时性商品为主、以便利性为特点的自选购物式小型零售商店	商圈范围小，主要以步行 5 分钟商圈为主。目标顾客主要为单身者、年轻人	营业面积 $100m^2$ 左右	便利性强，主要以即食食品、日用百货为主
仓储商店	是一种以大批量、低成本、低价格方式经营的零售商店	辐射半径为5km以上，目标客户为一般居民、中小型零售店、餐饮店及集团企业	营业面积 $6000m^2$ 以上	以大众化的衣着、食品、用品为主，品种多样，实行低价格的批量销售
折扣商店	是一种介于超市与百货商店之间的小型零售商店	主要面向中低收入的消费群体	营业面积 $300m^2$～$500m^2$	经营商品品种与百货商店类似，但种类少且价格低

业 态	定 义	特 点		
		辐射范围及目标顾客	规 模	经 营 结 构
购物中心	是指提供多种零售种类服务、服务设施的综合性商业集合体	辐射半径为 5km～20km	营业面积为40000m²～50000000m²	业态涵盖大型综合超市、专业店、专卖店、饮食店、杂货店以及娱乐、健身、休闲等几十种甚至数百种服务场所
连锁店	是指众多小规模分散、经营同类商品和服务的同一品牌零售店	辐射半径为 5km～20km	营业面积 300m²～1000m²	在总部的组织领导下，采取共同的经营方针、一致的营销行动，实行集中采购和分散销售的方式，实现规模经济效益

还有一种无店铺零售，是指零售商不通过实体店铺，而直接向消费者销售商品或提供服务的营销方式。其主要形式包括直复营销、直接销售、自动售货机（如图 4-7 所示）以及送货上门服务四种类型。

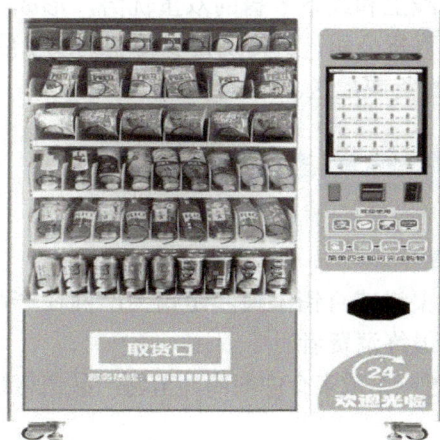

图4-7 自动售货机

3. 经纪人

经纪人是指利用其掌握的市场信息，通过在买方与卖方之间牵线搭桥，促成交易达成，并向委托人收取交易佣金的企业或个人。需要注意的是，经纪人并不拥有商品的所有权。例如，链家、大麦网和去哪儿网都属于经纪人范畴。以去哪儿网为例，作为票务代理商，它仅拥有飞机票、火车票和酒店的代理权，向消费者提供相关票务和酒店信息，而这些商品的所有权仍属于航空公司、铁路局和酒店等相关机构。

4. 代理商

代理商是指以买方或卖方的名义，在市场上从事营销、交易、代理（如代购、代销、代储和代运）等业务，并通过收取代理费或佣金盈利的企业或个人。与经纪人类似，代理商也不拥有商品的所有权。其主要作用是为消费者提供购买非本地商品的服务，从中赚取服务费或提成。

根据代理商承担的不同职能，代理商的分类如表 4-2 所示。

表 4-2　代理商的分类

分　类	定　义
制造代理商	也称制造商代表，主要是为被代理的制造商在约定的区域内，按照约定的价格政策、订单处理程序、送货服务和各种保证，销售产品
销售代理商	是受制造商委托，负责销售制造商某些特定产品或全部产品的代理商。它不受地域限制，并对定价、销售条件、广告、产品设计等方面拥有决定性的发言权
采购代理商	是根据协议为委托人采购、收货、验货、储存及运输货物的代理商
佣金商	佣金商也称为佣金行，是指对委托销售的商品实体具有控制权，并参与商品销售谈判的代理商。大多数佣金商从事农产品的委托代销业务
进口和出口代理商	进口代理商是受委托人委托，负责从国外采购商品并办理进口事务的代理商。而出口代理商则相反，是受委托人委托，负责从国内采购商品并办理出口事务的代理商。有些代理商同时从事进出口两项业务，被称为进出口代理商
信托商	信托商接受他人的委托，以自己的名义购销或寄售物品，并收取一定的费用。信托商有委托商行、贸易货栈、拍卖行等三种具体形式

5. 新零售

新零售是一种直复营销方式，运用大数据、人工智能等技术对商品的生产、流通和销售过程进行升级，充分发挥线上和线下零售的双重优势，形成一种零售新模式。例如，银泰百货作为中国较大的连锁百货公司，从传统百货转型为线上线下融合，推出"银泰喵街"App，实现线上下单、线下提货或配送。

六、分销渠道的类型与层级

1. 直接渠道与间接渠道

直接渠道，也称为零级渠道或直销渠道，是指生产商在产品销售过程中不经过任何中间环节，直接将产品销售给最终消费者。

间接渠道是指生产商通过一个或多个中间商环节将产品销售给最终消费者的销售方式。

2. 长渠道与短渠道

长渠道是指具有较多中间商层级的分销渠道。短渠道则与长渠道相反，指中间商层级较少的分销渠道。分销渠道一般可以分为四层，零级渠道最短，三级渠道最长。分销渠道层级如图 4-8 所示。

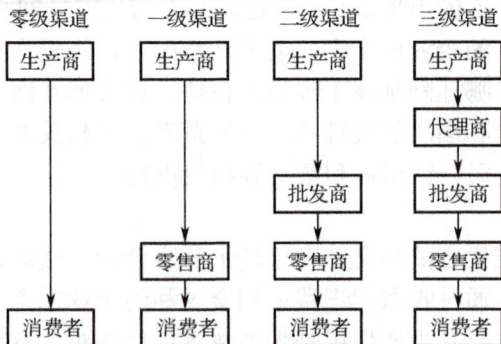

图 4-8　分销渠道层级

3. 宽渠道与窄渠道

渠道宽窄取决于渠道中同一层级中间商数量的多少，如图 4-9 所示。宽渠道是指企业在渠道中，使用的同一层级中间商数量较多，产品在市场上的分销范围较广，一般适用于日用消费品。窄渠道是指企业在渠道中使用的同一层级中间商数量较少，产品的分销范围较窄，一般适用于专业性强的产品或贵重耐用的消费品。窄渠道使生产商对分销渠道拥有较大的控制权，但市场分销面受到限制。

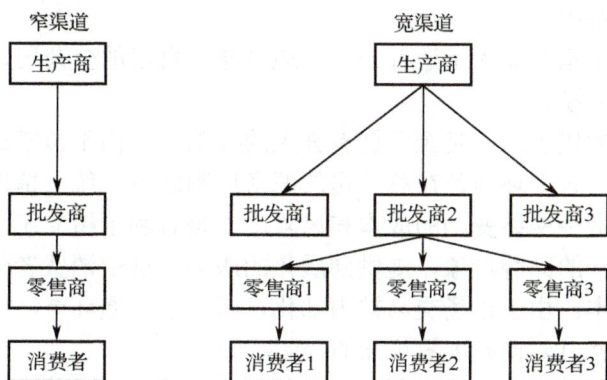

图 4-9 分销渠道宽窄

4. 单渠道与多渠道

单渠道是指企业所有产品通过单一分销渠道类型销售。

多渠道是指企业的不同产品或同类产品在不同地区采用多种分销渠道类型销售。

七、分销渠道的系统模式

分销渠道的系统模式是指渠道成员之间相互联系的紧密程度以及成员之间相互合作的组织形式。

拥有良好的渠道成员关系可以帮助企业节省资源，甚至使企业获得更高的利润。但良好的渠道成员关系需要营造、培育和维护，正所谓"得道多助，失道寡助"，渠道领袖的位置，有德者居之。

在企业的分销渠道系统模式中，有以下四种类型，分别是松散型、垂直型、水平型和多渠道型。

1. 松散型

松散型分销渠道系统是一种传统模式，指整个渠道缺乏统一目标，各个成员相互独立，没有任何一个渠道成员拥有足以支配其他成员的能力。渠道成员以自我为中心进行决策，缺乏明确的分工。这种关系模式在中小企业中最为常见。

松散型关系系统的优点：采用这种关系系统的企业进退灵活，可根据局势变化选择结盟对象；同时，这种模式也促使企业为获得渠道控制权而不断创新，增强自身实力。更重要的是，对于刚进入市场的中小企业，加入这种关系网络更加便捷。

松散型关系系统的缺点：这种关系系统的成员间属于临时交易关系，缺乏长期合作基础；而且由于是一次性交易，在缺乏有效监督机制的情况下，渠道的安全性完全依赖成员的道德自律，使渠道的安全系数降低。由于渠道成员之间的关系松散，这使得渠道内成员未能形成明确的分工协作，也导致广告、资金、经验、品牌、人员等渠道资源无法有效共享，可能出现投入大、收益小的结果。

2. 垂直型

相对于松散型，垂直型分销渠道系统在渠道分工协作、资源共享等方面具有优势。具体分为以下类型。

（1）公司式垂直系统

公司式垂直系统是指企业为了进行销售，通过建立自己的分公司、办事处或实施供销一体化战略形成的渠道模式。

公司式垂直系统的优点：一是企业拥有强大的控制力。由于该模式以产权为纽带凝聚而成，从生产到销售的各个环节都在总公司的严密控制之下，统一指挥，因此公司的经营战略能够很好贯彻，减少网络变动的成本和风险。二是有利于树立统一的公司形象。公司式的渠道成员使用统一的品牌形象，提供同质化的服务，这给消费者带来较清晰的品牌认知。三是节约流通成本。由于市场交易被内部化，减少了流通环节，因此大大节省了渠道的流通费用。四是能够有效摆脱大零售商的控制。

公司式垂直系统的缺点：一是为了建立完整的公司式渠道系统，需要企业在靠近终端消费者的市场广泛建立渠道，实现"本地化"，这使渠道建立的成本大幅增加；二是增加了渠道管理的难度。

（2）管理式垂直系统

管理式垂直系统是指制造商和零售商共同负责产品的销售促进、库存管理、定价、商品陈列、购销活动等销售管理业务的模式。

管理式垂直系统的优点：一是核心企业担负"管理者"职能，此时渠道成员的分工更加明确，成员关系也相对稳定，减少了渠道内矛盾和冲突的发生。二是合作基础牢固，使渠道拥有较高的安全系数。三是使渠道成员关注利益的协调性，也就是说，利润不再是渠道成员唯一的追求目标。为了获得发展，渠道成员还须兼顾渠道整体的利益或其他成员的利益，实现资源共享。

管理式垂直系统的缺点：由于在整个渠道系统中，"管理者"拥有较大的话语权，如果"管理者"的决策出现错误，可能会拖垮整个渠道网络系统。另外，没有话语权的渠道成员容易受到"管理者"的胁迫，无法按照自己的意愿行事。此外，由于渠道成员的地位不同，可能会出现贡献与收益不对等的情况。

（3）契约式垂直系统

契约式垂直系统是指商品在流通过程中，各渠道成员通过不同形式的契约确定彼此的分工协作和权利义务的关系模式。

契约式垂直系统的优点：一是低成本、大规模扩展。契约式系统能够利用渠道成员的"加盟费"以及统一管理，在靠近终端消费者的市场中广泛建立渠道，快速实现本地化。二是降低生产成本。由于契约式系统要求渠道成员进行联合采购和集体营销，这使渠道能够获得规模经济优势。

契约式垂直系统的缺点：一是增加管理难度。由于渠道成员以加盟形式参与经营，这使得渠道成员拥有较大的自主管理空间。如果运营不当，可能损害企业声誉。二是随着渠道成员能力的增强，企业可能失去对他们的掌控能力。

3. 水平型

水平型分销渠道系统也称为共生型分销渠道系统，是指两家或两家以上的企业为开发新的市场机会而联合，发挥资源的协同作用，从而形成的一种关系模式。相较于松散型的渠道关系，共生型网络成员的合作基础更加牢固。

这种关系需要注意三点：一是双方必须各自拥有对方所不具备的优势，以己之长补他人之短，回避自身的劣势。否则，这种关系即使建立，也难以长久维持。二是双方地位应平等，不存在支配与被支配的关系。三是合作方应有共同的需求，也就是说，双方之间必须存在共同利益。

水平型渠道关系系统的优点：一是节省开支，从投资者的比较收益角度考虑，利用合作方现成的项目、人员、技术、机器设备、仓储等资源会比自己投资兴建更划算。二是能够获得协同效应，合作方之间取长补短，共同开拓市场。

水平型渠道关系系统的缺点：合作方之间建立在利益之上的关系并不稳固，容易因利益发生矛盾，导致合作终止。

4. 多渠道型

多渠道营销系统是指对同一市场或不同市场采取多个渠道进行分销的模式。这种渠道类型综合了各方优点，但也大大增加了管理的难度。

> **随堂思考**
>
> 请具体举例，一些知名奶茶店的分销渠道关系属于哪种模式，这些渠道关系模式的优缺点分别是什么？

任务二　分销渠道的建立

分销渠道的建立是指企业根据分销渠道的目标和最终消费者的需求，综合考虑影响渠道功能发挥的各种因素而建立渠道的过程。分销渠道的设计与建立是否合理，直接影响产品能否快速、有效地到达最终消费者手中。

一、选择分销渠道的原则

1. 高效流转的原则

高效流转的分销渠道模式能让消费者在获得便利的同时，以合理的价格消费。因此，高效流转是渠道选择的首要原则。高效流转应以流通时间、流通速度和流通费用为衡量标准。

2. 覆盖适度的原则

在选择分销渠道时，不能仅考虑分销成本，还应关注市场覆盖面的问题。只有渠道覆盖适度，才能使产品快速流转。然而，在渠道选择中，也应避免过度扩展或服务范围过广，以免导致沟通和服务困难，进而造成目标市场的分销渠道秩序混乱。

3. 稳定可控的原则

渠道成员一旦确定，就需要企业投入大量资源维护和巩固关系，而这一过程既漫长又复杂。因此，只有渠道关系保持相对稳定，才能确保产品高效流转。

4. 协调平衡的原则

渠道成员之间存在合作、竞争和冲突的关系，这要求企业对渠道具备一定的控制能力。既要鼓励渠道成员积极参与良性竞争，也要避免因不良竞争引发冲突，从而导致分销渠道秩序混乱与功能失效。

5. 发挥优势的原则

企业在管理渠道成员时，应挖掘并发挥每个渠道成员的优势，使其优势得以最大程度展现。

✅ 二、分销渠道建立的步骤

1. 分析目标顾客的需求

设计有效的分销渠道，首先需要了解目标顾客在购买商品和服务时所期望的服务水平。这也是企业分销渠道的目标。顾客的服务需求通常包括供货批量大小、购货等待时间、购买便利性、产品齐全程度，以及销售服务的类型和水平等方面的内容。

2. 影响分销渠道的因素

（1）产品因素

产品因素是指从产品的各种特性出发，考虑其对分销渠道设计及建立所产生的影响。

第一，产品的价格。一般而言，产品价格越低，渠道层级就越多且越宽；而产品价格越高，渠道层级就越少且越窄。

第二，产品的消费效用价值。与人们生活密切相关的必需品（如食品、日用品等），由于要求市场覆盖面广，尽量让消费者随时随地购买，因此需要选择宽渠道。与人们日常生活不太密切的非必需品（如工艺品、金银首饰等）则可以选择窄渠道。

第三，产品的自然生命周期。对于一些储存和运输要求高或自然生命周期短的产品（如易腐、易碎、易失效的商品），适宜选择较短的分销渠道，尽快将商品交到消费者手中，以减少分销过程中发生的损耗。

第四，产品的重量和体积。体积大且笨重的商品，运输和储存都比较困难，选择短渠道会更经济；体积小且轻巧的商品，运输和储存费用低，可以选择长渠道分销。

第五，产品的技术服务程度。对于技术性不强、不需要配套专业技术服务的产品，一般选择长而宽的分销渠道；而对于技术性强的产品，分销渠道层级越少越好。

第六，产品的市场生命周期。产品处于导入期时，为尽快打开市场，可以综合性地选择各类型的分销渠道；进入成长期后，可以对分销渠道进行调整；进入成熟期后，则应开发新的分销渠道，以占领新的市场。

（2）市场因素

市场因素对分销渠道的设计与建立的影响主要体现在市场环境状况和消费者购买行为两个方面。

第一，市场容量及每次购买数量。市场容量大且每次购买量多的产品，可以选择窄而短的分销渠道；市场容量大且每次购买量少的产品，可以选择宽而长的分销渠道。市场容量小且每次购买量多的产品，可以选择窄而短的分销渠道；市场容量小且每次购买量少的产品，可以选择宽而长的分销渠道。

第二，市场区域范围和顾客集中程度。一般而言，市场范围越大，分销渠道就越长。而对于顾客密集的地区，生产商可以选择直接销售；对于顾客分散的地区，则需要通过渠道成员来开拓市场。

第三，市场规模和发展趋势。市场规模较小但发展趋势较大的市场，企业应考虑拓宽和延伸分销渠道；对于市场规模较大但发展趋势较小的市场，企业则可以选择缩短分销渠道。

（3）竞争者因素

在竞争不激烈的情况下，可以采用与竞争者类似的分销渠道；但当竞争激烈或现有分销渠道已被竞争者垄断时，则应采用与竞争者不同的分销渠道。

（4）企业自身因素

第一，企业自身的实力和声誉。企业规模较大、实力雄厚、资金充足，可以自建销售网点，采取产销结合的销售方式进行渠道经营，因此对渠道成员的选择拥有更大的自主权和控制权。而实力相对较弱的企业，则只能依靠渠道成员开拓市场和提供服务。

第二，企业自身的经营能力。如果企业在销售能力、储运能力和销售经验等方面具备较好的条件，则可以选择直接分销或短渠道。反之，则需要借助渠道成员的力量开拓市场。

第三，企业自身的服务水平。如果企业愿意为最终消费者提供服务，则采用直接渠道更为合适；如果企业愿意为渠道成员提供服务，则可以采用间接渠道。此外，如果企业提供的服务水平高且全面，会增加渠道成员销售的积极性。一些生产商为了合理安排生产或严格控制产品质量，会对产品的发货量进行限制。因此，发货限额高的企业选择直接分销更为适合；发货限额低的企业则选择间接分销更有利。

第四，企业对渠道控制的要求。如果企业对产品的流通价格或质量有严格的控制要求，则应选择短而窄的分销渠道；反之，则可以选择长而宽的分销渠道。

（5）经济效益因素

销售费用是指产品在销售过程中产生的费用，主要包括包装费、储存费、运输费、广告宣传费、陈列展览费、销售机构经费、中间商的佣金、经纪人和代理商的手续费以及产品售后服务的支出等。一般情况下，商品销售过程中，渠道成员越少，销售费用越低。但企业在减少渠道成员数量时，应根据渠道目标综合考虑分销渠道的稳定性和企业的服务水平，做到既节约销售费用，又符合企业渠道目标，并体现经济性要求。

（6）环境因素

渠道的环境因素包括政治法律环境、经济环境、社会文化环境、科学技术环境和人口环境的变化。

3. 制定渠道方案

在设计渠道方案时，需要考虑以下三个因素。

（1）渠道类型

企业在设计渠道时，首先必须明确渠道目标，并根据渠道目标确定各类渠道类型的可行性。

（2）渠道成员的数量

渠道成员的数量关乎市场覆盖度。根据市场覆盖度从高到低，一般有以下三种策略。

第一，密集分销。密集分销是指企业利用众多中间商将产品广泛分销。这种策略常用于选择性不强的日用消费品。

第二，选择分销。选择分销是指在特定市场中选择少数几家中间商经营企业的产品。选择分销适用于各类产品分销，尤其适用于选择性较强的消费品和专业性较强的商品。

第三，独家分销。独家分销是指在特定市场中只选择一家中间商经营企业的产品。独家分销常用于技术性较强的耐用消费品和知名品牌产品。

（3）渠道成员的权利与义务

确定渠道成员的权利和义务，实际上是对渠道成员的区域安排和特许权进行分配，也是对渠道成员的服务内容、服务水平及相应责任进行约定。

4. 评估渠道方案

评估渠道方案是企业根据自身的当前实力与环境状况，对各个战略渠道方案进行可行性分析。评价分销渠道的标准一般有三个，分别是经济性、控制性和适应性，其中经济性是最重要的标准。

（1）经济性

每一种渠道模式都会产生不同水平的经营成本和销售额。因此，企业在评估时，首先要考察由企业自己的销售人员直接推销还是使用中间商获得的销售额更高。其次，要比较分销成本，分销成本的高低与销售量的多少密切相关。

（2）控制性

控制性标准考虑的是渠道成员之间的纵向、横向经济关系及渠道成员的稳定性等具体因素。一般而言，分销渠道越长，控制难度越大。

（3）适应性

由于市场环境的不断变化，每一种分销渠道的有效性只能持续一段时间，因此需要对其进行调整，并对一些已经完全不适用的原有渠道进行淘汰。

任务三　分销渠道的管理

一、选择渠道成员

1. 渠道成员的选择标准

（1）市场范围

市场是影响选择渠道成员的关键因素。企业需要根据渠道成员的经营范围和销售对象判断其是否符合企业的渠道目标。

（2）产品政策

渠道成员经销的产品种类及其组合是渠道成员产品政策的具体体现。

（3）区位优势

区位优势即位置优势。企业在选择中间商时，应考虑其所在地是否为消费者流量大的枢纽，或是否有利于产品的储存、装载和运输。

（4）产品知识

企业选择对产品销售有专门经验的渠道成员，可以更快地打开市场。

（5）预期合作程度

如果渠道成员与企业的合作意愿较高，就会积极配合企业开展销售。这种情况对双方而言都是理想的。因此，企业在确定渠道方案后，应优先选择合作意愿强烈的渠道成员。

（6）财务状况及管理水平

渠道成员在购货后能否按时结算货款取决于其财务状况。此外，如果渠道成员的管理水平较高，且拥有规范、卓越、高效的渠道系统，企业便能以较低的销售成本实现营销成功。

（7）促销政策和技术

产品进入市场后，不同的产品采用不同的促销方式，会产生不同的效果。因此，渠道成员所采用的促销政策和技术会直接影响企业的销售规模。

（8）综合服务能力

合适的渠道成员所提供的综合服务项目与服务能力，应与企业产品销售所需的服务要求相匹配。能够提供足够的仓库、运输工具及其他产品保存设备等综合服务的渠道成员，可以帮助企业减少储运压力，尽快建立渠道并打开市场。

2. 选择渠道成员的方法

由于各个渠道成员在分销中的优势和劣势存在差异，可以根据其从事商品分销的能力和条件，采用打分的方法对渠道成员进行评价。选择备选渠道成员时，可运用综合评分法，具体步骤如下。

第一，确定候选渠道成员。

第二，根据企业的渠道目标，确定评价渠道成员的评分项目及其权重。

第三，根据候选渠道成员的实际情况，为每个项目评分。

第四，计算每个候选渠道成员的加权得分（评分项目的重要性越高，其权重越大），并对各项目得分进行汇总。

第五，根据企业的分销渠道策略，从中选择得分较高的渠道成员。

例如，某食品企业对备选的三个渠道成员进行了综合评分，其结果如表4-3所示。

表4-3　综合评分表

评价因素	权重	渠道成员1		渠道成员2		渠道成员3	
		评分	加权分	评分	加权分	评分	加权分
市场范围	20%	85	17	70	14	80	16
产品政策	15%	70	10.5	80	12	85	12.75
地理区位	15%	90	13.5	85	12.75	90	13.5
产品知识	10%	75	7.5	80	8	85	8.5
合作程度	15%	80	12	90	13.5	75	11.25
管理水平	5%	80	4	60	3	75	3.75
综合服务	20%	65	13	75	15	60	12
总分	100%	545	77.5	540	78.25	550	77.75

从"总分"一行可以看出，第二个候选渠道成员的加权总分最高，因此被评为最佳渠道成员。

二、评价与激励渠道成员

1. 定期评估

评价渠道成员时，应对其销售绩效进行定期评估。评估标准通常包括以下内容：销售指标的完成情况、平均库存水平、交货速度、产品市场曝光程度、市场覆盖率、产品损耗率、促销和培训计划的合作情况、回款状况以及信息反馈的及时性等。

对渠道成员的定期评估有助于企业动态掌握其表现，帮助渠道成员及时发现并解决问题，从而确保营销活动的顺利开展。同时，通过对渠道成员的评价，可以激励绩效优秀的成员，并对表现不佳的成员进行及时调整，最终优化企业的渠道结构，使其更加合理和高效。

2. 激励渠道成员

（1）利益激励

渠道成员销售商品的目的是获得盈利，因此企业通过利益激励增加渠道成员的直接收益，激励效果显著。对渠道成员的利益激励主要有以下形式。

销售额现金返利。销售额现金返利是最传统、最简单且最典型的返利方式。只要渠道成员在特定时间内完成企业规定的销售额，就可以按照规定的比例获得企业的现金返利。对于渠道成员而言，这种返利方式能够立即兑现，具有良好的激励作用。

销售额货款折扣返利。这种激励制度也是以销售额为标准，但以折扣回赠的形式奖励渠道成员，让渠道成员在下次购货时享受折扣。这种激励方式较为常见，能够帮助企业减轻现金压力。

综合返利。这是指企业通过对渠道成员进行综合考察后给出加权评分，并根据评分结果对通过考察的渠道成员给予返利奖励。常见的考察标准包括销售量、铺货率、库存量、渠道形象、综合服务等因素。

补贴政策。针对渠道成员的各项销售技能，企业给予奖励性质的专项补贴，例如广告补贴。

（2）参与激励和关系激励

企业通过加强与渠道成员的关系管理，能够及时交流信息并加强沟通，从而有效维护和巩固渠道关系。常见的方式如下。

建立经常性沟通机制或组织。通过建立经常性沟通机制或组织，使沟通和交流常规化、制度化。渠道成员可以积极交流并反馈渠道信息和意见，使企业能够及时掌握渠道发展的动态信息，减少渠道冲突。

开展多样化的情感沟通活动。通过开展多种形式的情感沟通活动，加强渠道成员之间以及成员与企业之间的情感交流，促进合作。这类活动包括定期走访、周年答谢活动、团建活动等，能够满足渠道成员强烈的尊重需求。

（3）发展激励

帮助渠道成员制定长远发展计划。当企业实力增强时，对渠道成员的要求也会随之提升。但由于渠道成员的置换成本较高，企业通常不会轻易削减或更换渠道成员。企业可以通过开展渠道培训、提供渠道咨询和诊断、进行渠道管理指导以及提供渠道成长机会等方式激励渠道成员，从而实现共同成长目标。

共同开发新的市场机会。如果企业需要进一步开拓市场，可以通过与渠道成员加强合作，共同制定渠道目标，实现市场的共同开发。这也是为渠道成员提供成长机会的有效途径。

（4）渠道支持

信息支持。信息支持是指企业向渠道成员提供有关产品的相关信息，帮助渠道成员提高销售能力，扩大销售量。这种支持尤其适用于金融行业和 IT 行业。

市场支持。市场支持是指企业围绕开拓市场目标向渠道成员提供的所有支持，包括广告支持、市场推广活动等。

服务支持。服务支持是指企业为使渠道成员安心进行销售而提供的一切综合服务，主要包括信息咨询、产品运输、售后安装维修、技术支持等服务。

融资支持。融资支持是指企业向渠道成员提供直接融资，或者帮助渠道成员向外部筹措所需资金。

课堂训练

以小组为单位，每组 5～7 人，自由进行组内分工。在组长的带领下，选择一家企业，分析该企业对渠道成员的相关管理政策。针对每项因素进行分析，并制定该企业的渠道管理决策。最终以小组为单位提交一份企业渠道管理决策报告。

三、调整分销渠道

随着市场环境的不断变化，对于一些不适应渠道目标实现或市场需求的渠道成员，企业必须做出相应的调整。一般而言，分销渠道调整有以下三个层次。

1. 增减渠道成员

由于个别渠道成员因经营不善导致市场占有率下降，或因配合度不高引发销售困难，最终影响整个渠道的发展，企业应对这些成员进行削减或更换，以满足渠道目标的实现需求。另外，如果企业需要进一步开拓市场，则应在满足企业渠道综合需求和渠道成员自愿合作的基础上，增加新的渠道成员，以推动渠道的发展。

2. 增减分销渠道

在开拓市场的过程中，如果某种渠道类型的表现长期不理想，企业可以考虑在整个市场或某一特定市场中削减该渠道类型。此外，如果企业为适应消费者市场的变化或开发新产品，而原有的渠道系统无法满足需求，则可以通过增设新的渠道类型来实现分销渠道目标。

3. 调整整个分销渠道系统

调整整个分销渠道系统是渠道调整中最复杂且最困难的一种方法。这不仅需要对现有的渠道系统进行优化，还可能需要舍弃原有的整个渠道系统并重新构建一个全新的渠道体系。除非企业的现有销售方式已不再符合法律法规要求，否则企业很少采用这种调整方法。

案例 4-2

揭秘名创优品全球渠道战略：构建七层店态矩阵，预计未来在全球开店 4 万家

在名创优品 2024 全球品牌战略升级成果发布会上，名创优品集团副总裁兼首席渠道发展官寇维宣指出，名创优品以"渠道创新，引领全球"为主题，明确了未来五年的战略规划。在产品力、渠道力和营销力三大核心竞争力的驱动下，名创优品制定了全球每年净增 900 至 1100 家门店、集团复合收入增长不低于 20%、IP 销售占比超过 50% 的目标。

在战略牵引下，名创优品深入洞察全球 IP 赛道的消费规模，发现各国人均 IP 消费潜力巨大，为中国品牌提供了广阔的发展空间。基于此，名创优品绘制了全球开店蓝图，计划按照发达国家每 10 万人配置一家门店、发展中国家每 20 万人配置一家门店的逻辑，科学规划开店布局，预计未来在全球可开设约 4 万家门店。

据悉，在过去的一年中，名创优品的渠道创新成果丰硕。从吉伊卡哇 IP 快闪店到巴黎香街旗舰店，再到天津壹号店和印尼雅加达全球最大旗舰店，特别是近期开业的位于上海南京东路的全球壹号店，作为名创优品最高级别店态，打响了全球化渠道升级的第一枪。

在渠道创新的基础上，名创优品构建了七层店态矩阵，包括 Miniso Land、势能店、主题店、旗舰店/次主力店、常规店、Miniso Go 和快闪店，以满足不同商业场景和消费者的多样化需求。其中，Miniso Land 作为沉浸式 IP 乐园，将按照全球级、国家级、城市级三个级别进行布局。未来五年，全球级 Miniso Land 将开设 4 至 5 家，成为名创优品全球化战略的重要支撑。

此外，名创优品还发布了三大渠道战役：天海战役、蓝海战役和红海战役。通过在中国开设 100 家 Miniso Land，探索非标/文旅商业、奥特莱斯、机场高铁和县域市场等蓝海市场，以及在竞争白热化的主流商业中实施红海战役，名创优品将全面提升渠道战略落地效率，构建兴趣消费大生态。

对于竞争白热化的主流商业领域，市场已经形成一片红海。目前，中国超过 5 万平方米的购物中心数量已高达 7300 多个。名创优品将通过差异化的品牌定位、IP 资源、IP 产品和 IP 场景的打造，努力实现高质量覆盖，并精益求精。

（来源：新浪财经）

思考：分析名创优品的渠道模式。

课堂训练

当前，男士护肤品行业迅速崛起，请以学习小组为单位，每个小组制作一份"××男士护肤产品的分销渠道设计方案"。

缤纷出彩的促销策略

学习指南

工作任务	学习多样化的促销策略		教学模式	任务教学法
建议学时	4 学时		教学地点	多媒体教室
学习目标	知识目标	1. 了解促销及促销组合的基本内容 2. 理解四种促销策略的相关知识 3. 掌握企业应如何选择促销策略		
	能力目标	1. 具有促销的基本知识 2. 具备制作促销方案的能力 3. 具备策划促销活动的能力		
	素质目标	1. 培养学生的促销意识 2. 培养学生分析问题、解决问题的能力 3. 培养学生的工作积极性和主动性 4. 培养学生开展促销活动的能力		
关键词	促销；促销组合；广告；人员推销；公共关系；营业推广			

思维导图

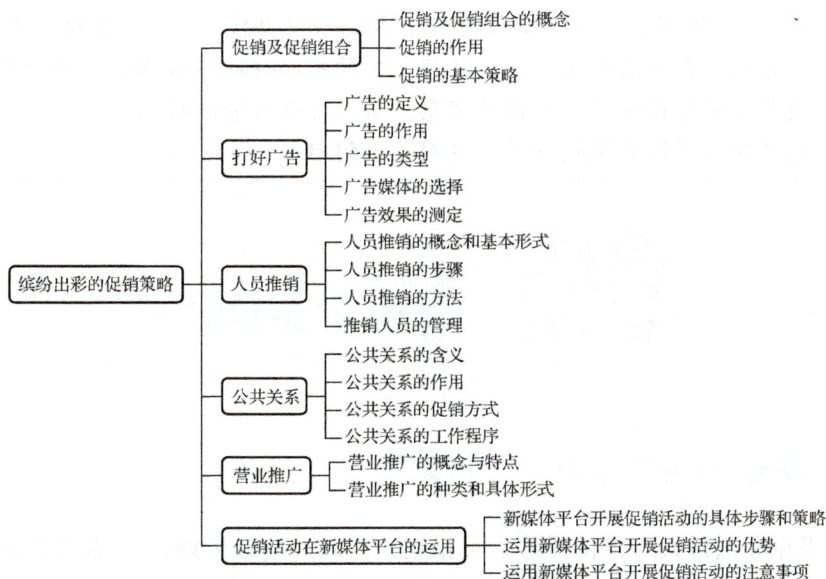

缤纷出彩的促销策略
- 促销及促销组合
  - 促销及促销组合的概念
  - 促销的作用
  - 促销的基本策略
- 打好广告
  - 广告的定义
  - 广告的作用
  - 广告的类型
  - 广告媒体的选择
  - 广告效果的测定
- 人员推销
  - 人员推销的概念和基本形式
  - 人员推销的步骤
  - 人员推销的方法
  - 推销人员的管理
- 公共关系
  - 公共关系的含义
  - 公共关系的作用
  - 公共关系的促销方式
  - 公共关系的工作程序
- 营业推广
  - 营业推广的概念与特点
  - 营业推广的种类和具体形式
- 促销活动在新媒体平台的运用
  - 新媒体平台开展促销活动的具体步骤和策略
  - 运用新媒体平台开展促销活动的优势
  - 运用新媒体平台开展促销活动的注意事项

市营文化

"画竹多于买竹钱，纸高六尺价三千；任渠话旧论交接，只当秋风过耳边。"——《板桥润格诗》

【释义】郑板桥从潍坊弃官到扬州，为了生计只好以卖画为生，打出了一幅广告："大幅六两，小幅二两，条幅对联一两，扇子、斗方五钱。凡送礼物食物，总不如白银为妙。"凭着文学家的天赋，他写下："画竹多于买竹钱，纸高六尺价三千；任渠话旧论交接，只当秋风过耳边。"用这明码标价的广告诗招徕了不少收藏家，再也不愁糊口。可见，早在古代，为了销售商品，人们就通过广告诗进行促销。

思考：

1. 郑板桥此举属于何种促销策略？
2. 这种促销策略有何作用？

随着市场竞争愈发激烈，现代市场营销不仅要求企业开发适销对路的产品，制定有吸引力的价格，通过合适的渠道使目标顾客易于获得他们所需要的产品，还要求企业树立其在市场上的形象，加强与社会公众的信息交流和沟通，开展促销活动。不仅如此，为了实现既定的营销目标，企业在许多情况下必须采取多种促销策略。因此，促销在企业营销策略组合中占据越来越重要的位置，也越来越受到营销者的重视。

案例 5-1

一家厨具店的营销

一家厨具店举办了一场免费活动，客户只需预存 9.9 元即可领取价值 129 元的厨房四件套。同时，该预存金额还可升级为两张 50 元的代金券。这样的策略不仅吸引了大量客户参与，还成功将预存金额转化为消费动力。

实际上，厨房四件套的成本仅为 10 元，而消费者预存的 9.9 元恰好覆盖了这一成本。这一策略的妙处在于，它不仅赠送了顾客两张 50 元的代金券，还在消费者心中种下了"占便宜"的感觉。如果没有厨房四件套作为"诱饵"，仅提供代金券，恐怕难以吸引消费者，即便获得代金券也不会促进到店消费。因为免费的东西往往不被珍惜，而 9.9 元的"投资"则会让消费者觉得获得了实质性的优惠，从而更有可能积极消费。

思考：厨具店采用何种促销方式，这对你有何启发？

任务一　促销及促销组合

一、促销及促销组合的概念

促销是指企业通过人员推销或非人员推销的方式，向目标顾客传递商品或劳务的存在及其性能、特征等相关信息，实现双向沟通，帮助消费者认识商品或劳务带来的利益，从而引起消费者的兴趣，激发消费者的购买欲望及购买行为。

事实上，促销的本质是传递和沟通信息。这种信息的沟通并非单向，而是由卖方到买方，再由买方到卖方不断循环的双向沟通。通过信息的交流，企业可以帮助消费者了解产品的特点和性能，吸引他们的注意和兴趣，从而改变其态度和行为，激发购买欲望和购买行为，最终达到扩大销售的目的。

促销组合是指企业在市场营销活动中，有计划、有目的地将人员促销和非人员促销两大类中的人员推销、广告、营业推广和公共关系等具体促销方式结合起来，综合运用，形成一个完整的最佳促销策略。促销组合是一个有机的整体，是对各种促销方式的正确选择、组合和运用。其目的是使企业开展的促销活动相互配合与协作，以最大限度地获得促销效果，顺利实现企业的目标。

二、促销的作用

促销作为市场营销组合中的重要组成部分，其在企业经营中的重要性日益显现，具体表现为以下几个方面。

1. 信息沟通

产品进入市场后，生产企业需要通过各种有效方式向消费者和中间商及时提供产品的相关信息，以吸引他们的注意力，激发购买欲望，从而迅速打开产品销路。同时，生产企业还需建立市场信息反馈系统，对中间商和消费者的反馈、意见、建议和要求等信息进行及时处理。这一做法能够快速解决中间商在销售中遇到的问题，密切生产企业、中间商和消费者之间的关系，从而进一步改进和提升企业的促销工作。

2. 刺激需求

由于消费者个体之间存在一定差异，这使其需求动机具有多样性和复杂性等特点。加之受到各种外界因素的影响，消费者的需求常常发生变化。对此，企业可以针对消费者的心理动机，通过采取一定的促销活动，诱导或激发消费者产生某一方面的需求。例如，当企业的某种产品处于潜伏状态时，开展促销活动可以起到催化作用，刺激需求；当产品处于低需求状态时，促销可以吸引更多顾客，增加产品需求；当产品需求出现波动时，促销可以起到导向作用，平衡需求；当需求出现衰退时，促销可以使其得到一定程度的反弹和恢复。

3. 突出特色

随着市场经济的迅速发展，市场上同类型产品之间的竞争日益激烈。不同企业各自生产类似的产品在市场上销售，这些产品之间既具有一定的共同属性，又具有各自的特色。在这种情况下，企业如果不对产品进行宣传，消费者往往难以察觉这些产品的特色。因此，企业要想建立差异化竞争优势，一方面有赖于企业自身实力，即生产出符合消费者需求的产品；另一方面，除了生产优质产品，企业还须借助有效的促销手段，使消费者充分认识到本企业产品能够带给他们某些特殊的利益和好处。只有这样，企业才能不断提升自身的市场竞争力。

4. 稳定和扩大销售

对于企业而言，追求稳定的市场份额是企业营销的重要目标之一，也是实现长远发展的根本保证。要想保持一个相对稳定的市场份额，一个有效的方式就是通过促销帮助企业树立良好形象，提高产品或服务的美誉度，从而扩大产品和品牌的知名度。特别是在如今市场竞争尤为激烈的情况下，企业开展有效的促销活动可以抵御并击败竞争对手。即便在产品销量下降的情况下，有效的促销往往也能重新激发消费者对这些产品的需求。

三、促销的基本策略

不同的促销组合可形成不同的促销策略，例如以人员推销为主的促销策略、以广告为主的促销策略。从活动运作的方向划分，促销策略包括推式策略和拉式策略两种。

1. 推式策略

推式策略（即从上而下的策略）是指企业利用人员推销，以中间商为主要促销对象，把产品推入分销渠道，最终推向市场。其目的是说服中间商和消费者购买企业的产品，并通过层层渗透，最终到达消费者手中。这种推销策略要求人员针对不同顾客、不同产品采用相应的推销方法。常用的推式策略包括以下几点。

- 产品推销员携带样品或产品目录走访顾客，进行送货推销、巡回推销或访问销售；
- 建立并健全产品销售网点，扩大销售；
- 通过售前、售中和售后服务促进销售；
- 举办产品技术应用讲座和实物推销。

2. 拉式策略

拉式策略（即从下而上的策略）又称吸引策略，一般通过密集型广告宣传、营业推广等活动，引起消费者的购买欲望，激发购买动机，进而增加中间商的压力，促使零售商向批发商、批发商向制造商进货，最终满足消费者的需求，达到促进销售的目的。常用的拉式策略包括以下几点。

- 通过广告宣传促进销售；
- 召开产品展销会、订货会等活动以促进产品销售；
- 通过代销、试销等方式促进销售；
- 创造名牌、树立信誉，增强消费者对产品和企业的信任，从而促进产品销售。

训练示范

分析以下促销属于哪种促销策略

（1）某家电品牌推出"零售商促销活动"，零售商在店内展示并销售指定商品，可获得高额佣金。（推式策略）

（2）某运动品牌邀请知名运动员代言，吸引消费者主动购买该品牌的运动装备。（拉式策略）

（3）某汽车品牌推出"销售竞赛活动"，经销商在特定时间内完成销售目标，可获得高额奖金和旅游奖励。（推式策略）

任务二　打好广告

一、广告的定义

广告（Advertising）一词源于拉丁语"Advertere"，有"注意""诱导"和"广而告之"之意。广告有广义和狭义之分。

广义的广告是指所有的广告活动，一切以沟通信息、促进产品认知为目的的广告形式都包括在内，主要包括商业广告与非商业广告。商业广告是指传递有关产品信息、能够带来盈利的广告；非商业广告则指商业广告之外的一切广告，这些广告不是以获取经济利益为目的，如政府公告等。随着社会的不断发展，非商业广告的形式越来越多样，涉及的内容也愈加丰富。

狭义的广告即指商业广告，它是指商品经营者或者服务提供者承担费用，通过一定媒介和形式直接或间接地介绍自己所推销的商品或所提供的服务。

事实上，无论是狭义还是广义的解释，广告的基本功能都是将商品、劳务或公众的信息传播给大众，以达到沟通目的。

二、广告的作用

广告是商品经济的必然产物。随着市场经济的发展，广告在促进生产、指导消费、活跃经济、加速商品流通及扩大内外交流等方面发挥了越来越重要的作用。具体而言，广告的作用主要表现在以下几个方面。

1. 传递信息，沟通供需

以广播、电视为媒介的广告具有传播范围广、及时深入社会各个角落、渗透千家万户的特点。其基本职能是将商品信息通过广告媒介传递给潜在的买主，使其认识和了解商品的性能、用途、生产厂商、购买地点、购买方式、价格等内容。广告可以为生产和经营企业提供产品发展和商品供求情况的信息，在购销之间起到媒介作用，帮助销售渠道之间开展业务联系以及地区之间进行商品交流，有助于减少商品积压和脱销，加速商品流转。

2. 激发需求，扩大销售

在广告宣传过程中，企业可以适当运用一些艺术手段，有针对性地将产品的质量、用途、价格、使用与维修方法以及购买地点、购买方式等信息传递给消费者，以引起消费者的注意，激发消费者的购买欲望，从而促成其购买行为的实现，达到扩大流通和促进销售的作用。

3. 介绍说明，引导消费

由于消费者在年龄、性别、经济收入、受教育程度等方面存在差异，其消费习惯和产品偏好也有所不同。在进行广告宣传过程中，企业可以通过简明扼要、形象有趣且富有哲理的语言及图像，向消费者介绍产品的基本知识，使其了解产品的性能和结构，掌握产品的使用方法和保养方法，发挥售前服务的作用。不仅如此，广告还具有一定的引导功能：例如促使新产品、新消费意识迅速流行，形成消费时尚；帮助消费者在众多商品中进行选择和比较；引导消费者形成文明健康的消费理念。

4. 扩大企业影响，增强竞争力

广告传播具有广泛而深入的特点，它不仅是消费者购买商品的顾问，也是企业扩大产品销售的重要手段，更是生产企业开拓市场、推动产品生产发展、促进产品创新的先导。生产企业通过广告，可以使产品在市场上吸引购买者，占据一定的市场份额，从而推动企业生产发展，增强企业竞争力。

案例 5-2

戒指，这一古老的饰品，早在古代就被权贵佩戴在拇指上，象征身份和地位。而到了现代，戒指不再是已婚男女的专属，它已经成为一种时尚和个性的表达。DR 钻戒，作为全球知名的钻戒品牌，是如何在众多竞争对手中脱颖而出的呢？

其广告语"一生只送一人，用 DR 钻戒见证永恒之爱"，相信大家都不陌生。DR 钻戒的广告成功之处在于其独特的品牌理念——"一生只爱一人"。这一理念通过广告语"一生只送一人，用 DR 钻戒见证永恒之爱"得以体现，巧妙融入品牌的历史底蕴，并在情感上深深打动消费者。DR 钻戒通过"男士一生仅能定制一枚"的独特规则，强调真爱的价值观，吸引追求"唯一真爱"的忠实顾客。

此外，DR 规定只有男性持身份证才可购买 DR 求婚钻戒，且一生只能定制一枚。购买时还需签署"真爱协议"，购买者信息会录入系统，从此便不能再为其他女性购买钻戒。

事实证明，DR 这一套"真爱文化"的确取得了成功。在 2017 年到 2021 年上半年的三年半时间里，DR 自营门店的数量从 130 家猛增到 375 家，海外门店甚至开到了巴黎卢浮宫附近。DR 的母公司毛利率达近 70%，而 DR 在市场上的最大竞争对手 I DO 的毛利率仅为 45%。

出色的广告文案使得 DR 钻戒在众多竞争品牌中脱颖而出，成为消费者心中的首选。

三、广告的类型

广告的形式丰富多样，根据不同的划分标准，可将其分为不同的类型。

1. 按广告的覆盖面分类

广告的覆盖面，即广告的传播范围，这通常与所采用的广告媒体有关，一般可分为全国性广告、地方性广告和地区性广告三种。

全国性广告是指在全国性的网络、电视等媒体上投放的广告，目的是将产品或服务推广到全国各地。

地方性广告通常结合企业的差异化营销策略使用，宣传对象多为地方产品。这类产品通常销量有限且选择性较强。

地区性广告是指在地区性的广告媒体上投放的广告，传播范围较小。这类广告多配合

集中营销策略。

2. 按广告的目的和内容分类

开拓性广告，又称报道性广告，其内容主要是介绍产品的用途、性能、使用方法、企业的相关情况及所能提供的服务。在产品的试销期，这类广告的作用最为显著。

说服性广告，又称竞争性广告，一般针对已进入成长期或成熟期的某类产品，主要通过产品之间的比较，突出本企业产品的特点，强调本产品给消费者带来的利益，加深消费者对产品品牌和厂家的印象，从而说服消费者购买本企业的产品。这更多是针对竞争情况采取的策略。

提示性广告，又称备忘性广告，旨在提醒消费者注意本企业的产品，加深印象，刺激其重复购买。一般是针对已进入衰退期的商品，为提醒消费者不忘该产品而采用的广告形式。

3. 按广告媒体分类

根据广告发布的媒体不同，广告可以分为电视广告、广播广告、户外广告、网络广告等。电视广告通过图像、声音、文字等多种元素的结合，生动直观地展示产品，具有强大的感染力。广播广告则不受时间和地点的限制，可以随时随地收听，尤其适合移动人群。户外广告如路牌、霓虹灯、车身广告等，以其视觉冲击力强、持续时间长、覆盖面广的特点，成为品牌宣传的重要手段。网络广告则以其互动性、精准性、实时性等特点，成为现代营销中不可缺少的一部分。

四、广告媒体的选择

如今，广告媒体形式丰富多样，但由于不同广告媒体具有各自的特点，加之其适用范围与效果存在一定差异，因此企业若想通过广告获得更好的宣传效果，实现产品促销，就应根据广告目标的要求，正确、合理地选择广告媒体，否则将影响广告效果。对于企业而言，要正确选择广告媒体，一般需要考虑以下影响因素。

1. 产品的性质

不同产品因其性质不同，其使用价值、适用范围与宣传要求也存在差异。为了使广告效果最大化，对于高技术产品和一般生活用品、低价值产品和高价值产品、一次性使用的产品和耐用消费品等不同性质的产品，企业应根据其产品特性选择适合的广告媒体。例如，对于高技术产品的广告宣传，应面向专业人员，多选用专业性杂志；而对于一般生活用品的广告宣传，则应尽量选择能够直接传播到大众的广告媒体，如网络、电视等。

2. 消费者接触媒体的习惯

在选择广告媒体时，企业还需考虑目标消费者接触广告媒体的习惯。通常来说，能够使广告信息直接传递给目标消费群体的媒体，其宣传效果最佳。例如，对于儿童用品的广告宣传，企业选择儿童喜欢的电视节目作为传播媒体，往往能取得更好的广告效果。

3. 媒体的传播范围

媒体传播范围的大小会直接影响广告信息传播区域的广度，进而影响广告的最终效果。一般来说，当企业生产的产品面向全国市场时，应以抖音、快手、微博、微信等新媒体平台及电视作为广告媒体；当提供的产品属于地方性销售产品时，则可以通过地方电视台、地方报纸等平台传播信息。

4. 媒体的影响力

在选择媒体对产品进行广告宣传时，广告媒体的影响力也会直接影响广告的最终效果。一般而言，广告媒体的影响力可以通过相关指标来衡量，如媒体平台的订阅量、电视广播的收视率等。因此，企业在选择广告媒体时，应将目标市场与媒体的影响力相结合。通常来说，能够覆盖目标市场每个角落的媒体是企业的最佳选择。

5. 媒体的费用

各广告媒体的收费标准存在一定差异，即便是同一媒体，由于传播范围和影响力的不同，其费用也会有所不同。因此，企业在选择广告媒体时，除了考虑媒体费用，还需注意其性价比，即综合考虑媒体的广告促销效果。

总之，企业应根据广告宣传的要求，结合各广告媒体的特点，综合考虑上述各影响因素，尽可能选择宣传效果好、费用合理的广告媒体。

> **训练示范**
>
> 分析以下案例中，企业选用了何种广告媒体。
> 1. 某饮料品牌促销时，选择在公交站、地铁站和商场等人流密集的地方投放户外广告。（户外广告）
> 2. 某本地餐厅在午餐时段选择在本地广播电台投放广告。（广播广告）
> 3. 某汽车品牌在新车发布时，选择在黄金时段投放电视广告。（电视广告）

五、广告效果的测定

广告效果有狭义和广义之分。狭义的广告效果是指广告所带来的经济效益，即广告传播促进产品销售增长的程度，也就是广告产生的销售效果。广义的广告效果则是指广告活动目标的实现程度，是广告信息在传播过程中引发的直接或间接变化的总和。

好的广告作品应同时具有良好的心理效果、经济效果与社会效果，所以在对广告效果进行评估时，应从这几方面出发加以衡量。

1. 心理效果的测定

广告的心理效果主要是指广告通过特定媒介传播后，对目标消费者心理活动的影响程度、产品所树立的品牌印象，以及最终能否促成购买。因此，广告的心理效果是最基本的因素，没有心理效果的提升，经济效果的提高是不可能实现的。在心理效果的测定中，可以将广告效果分为认知效果、态度效果和行为效果，并分别用不同的指标加以衡量。

（1）认知效果的测量

认知效果反映的是广告信息发布之后，公众对广告内容的知晓程度。在测定广告的认知效果时，主要是测定广告的知名度和受注意度，即消费者对企业、产品、商标等的认知程度。常用的指标包括公众对广告的注目率、广告的阅读率、广告的收视率、知晓率和理解率等。

（2）态度效果的测量

态度效果是指公众在观看广告后，对广告主原有的误解和偏见等消极态度的消除程度，以及对广告主的偏爱、肯定、喜欢、接受、信服等积极态度的发展程度和行为倾向的表现程度。常用的测量指标包括美誉度、忠诚度等。

（3）行为效果的测量

广告的行为效果是指公众对广告主的排斥、否定行为的减少程度，以及合作、支持行为的增加程度。在行为效果的测量过程中，常用的指标包括试用情况、购买意愿、索要介绍资料和样品的情况、购买和消费咨询的情况等。

2. 经济效果的测量

广告的最终目的是促进产品销售，因此经济效果是衡量广告效果最主要、最直接的指标。在测量经济效果时，常用的方法如下。

（1）广告费用比率法

广告费用比率是指广告费用与广告后销售总额之间的比率，反映广告费用支出与销售额之间的对比关系。广告费用比率越小，说明广告的经济效果越好。广告费用比率的计算公式如下：

$$广告费用比率=（广告费用÷广告后销售总额）×100\%$$

（2）广告效果比率法

广告效果比率反映商品销售额或利润额的增长率与广告费用增长率之间的比率。该指标越大，说明广告的经济效果越好。广告效果比率的计算公式如下：

$$广告效果比率=（销售额增长率÷广告费用增长率）×100\%$$

（3）市场占有率法

市场占有率法是通过测量企业产品在广告前后市场占有率的变化来分析广告的经济效果，通常用产品市场占有率的扩大率来反映。市场占有率扩大率的计算公式如下：

$$市场占有率扩大率=（广告后的市场占有率÷广告前的市场占有率）×100\%$$

3. 社会效果的测定

测定广告的社会效果主要采用两种方法：事前测定和事后测定。

（1）事前测定

事前测定一般在广告发布之前进行。主要邀请有关专家学者、消费者代表等，从相关法规、道德、文化等方面，对即将推出的广告可能产生的社会影响进行预测和评析，包括广告的诉求内容、表现手法、表达方式与语言等。综合相关意见和建议，发现广告中存在的问题并及时修订。

（2）事后测定

事后测定通常在广告发布之后进行。一般采用回函、访问、问卷调查等方法，及时收集和管理广大消费者的意见反馈，分析研究社会公众对广告的态度与看法，以此了解广告的社会影响程度，为进一步开展广告活动提供参考。

课堂训练

　　请选择出你认为本年度最佳的十个广告，并结合所学知识对其产生的效果进行详细分析。

任务三　人员推销

✅ 一、人员推销的概念和基本形式

人员推销是指企业派遣或委派推销人员亲自上门向目标客户介绍和推销产品的一种方法。人员推销的核心目的是说服，即通过说服目标客户使其接受所推销的产品或服务。人员推销的基本要素包括推销员、推销产品以及推销对象。

人员推销作为一种传统的促销手段，也是现代市场营销中一种重要的促销方法。通常来说，人员推销包括以下三种基本形式。

1. 上门推销

上门推销是最常见的人员推销形式，由推销人员携带产品样品、说明书和订单等走访顾客推销产品。这种推销形式可以针对顾客的需求提供有效的服务，方便顾客，因此被广泛认可和接受。

2. 柜台销售

柜台销售又称门市销售，是指企业在适当地点设置固定门市，由营业员接待进入门市的顾客，进而推销产品。门市的营业员是广义上的推销员。柜台销售与上门推销正好相反，它是一种等客上门的推销方式。由于门市里的产品种类齐全，能够满足顾客多方面的购买需求，为顾客提供更多的购买便利，并且可以保证产品完好无损，因此顾客比较乐于接受这种方式。

3. 会议推销

会议推销是指利用各种会议向与会人员宣传和介绍产品，开展推销活动。例如，在订货会、交易会、物资交流会等会议上推销产品。这种推销形式接触面广、推销集中，可以同时向多个推销对象推销产品，成交额较大，推销效果较好。

📚 案例 5-3

买水果

一位老太太去楼下的菜市场买水果。她来到第一个小贩 A 的水果摊前，问道："这李子怎么样？"

"我的李子又大又甜，是刚到的货，特别新鲜好吃。"小贩 A 回答。

老太太摇了摇头，没有买。她走向另一个小贩 B，问道："你的李子好吃吗？"

"我这里是李子超市，各种各样的李子都有。您要什么样的李子？"

"我要买酸一点的。"

"哟，这篮李子可酸啦，咬一口就直流口水，很多人都来我这儿买。您要多少？"

"来一斤吧。"老太太买完李子继续在市场中逛，又看到一个小贩 C 的摊上也有李子，又大又圆，非常抢眼，便问水果摊后的小贩 C："你的李子多少钱一斤？"

"您好，您要哪种李子？"

"我要酸一点儿的。"

"别人买李子都要又大又甜的，您为什么要买酸的呢？"

"我儿媳妇要生孩子了，想吃酸的。"

"阿婆，您对儿媳妇可真体贴。她想吃酸的，说明她一定能给您生个大胖孙子。恭喜您了！您要多少？"

"我再来一斤吧。"老太太被小贩C说得很高兴，便又买了一斤。

小贩C一边称李子，一边继续问："您知道孕妇最需要什么营养吗？"

"不知道。"

"孕妇特别需要补充维生素。您知道哪种水果含维生素最多吗？"

"不清楚。"

"猕猴桃含有多种维生素，特别适合孕妇。您要给您儿媳妇天天吃猕猴桃，她一定会给您生个又聪明又健康的大胖孙子。"

"是吗？好啊，那我就再来一斤猕猴桃。"

"您人真好，谁遇上您这样的婆婆，真是有福气。"小贩C开始给老太太称猕猴桃，嘴里也不闲着："我在这儿摆摊五年了，我的水果都是当天从批发市场挑的新鲜货。您儿媳妇想吃什么新鲜水果，您再来呀。"

"行。"老太太被小贩C说得高兴，边付账边应承着。

思考：为什么老太太愿意在小贩C那里买水果，小贩C有哪些方面值得学习？

二、人员推销的步骤

按照"程序化推销"理论，人员推销共分为七个步骤。

1. 识别潜在顾客

推销活动的第一步是寻找潜在顾客。推销人员利用各种媒体信息寻找潜在的目标顾客，通过现有顾客的介绍，或通过建立客户管理信息系统等途径，寻找和发掘潜在顾客。

2. 事前准备

在推销之前，推销人员必须做好各方面的准备，如心理、体能、用品等方面的准备，还有多方面的知识储备，主要包括：产品知识，包括本企业产品的特点及用途等；顾客知识，包括顾客的个人情况和所在企业的情况等；竞争者知识，包括竞争对手的产品特点和竞争地位等。

3. 接近

接近是指接近潜在顾客，开始面对面的交谈。此时推销人员应注意：要给对方留下良好的第一印象，尽早验证在准备阶段所获得的各种信息，为后续谈话做好准备。同时还要选择最佳的接近方式和访问时间。

4. 介绍

介绍阶段是推销过程的主要阶段。任何产品都应选择最适合的某种特定介绍方法，例如辅以图片、视频、宣传手册等，通过刺激顾客感官，以达到最有效的信息传递效果。在介绍阶段，推销人员应着重说明该产品带给顾客的利益，但说明应实事求是，不可过分夸大，且推销人员应诚心诚意地向顾客介绍产品。

5. 应对异议

推销人员应随时准备应对各种不同意见，化解异议。通常，一个有经验的推销人员应当具备与持不同意见的顾客洽谈的技巧，并随时准备好应对反对意见的适当措辞和论据。

6. 成交

成交是指推销人员接受对方订货购买的阶段。一般认为，接近和成交是推销过程中两个最困难的步骤。在洽谈过程中，推销人员要随时注意，及时给予对方成交的机会。有些顾客不需要全面介绍，推销人员在介绍过程中一旦发现对方有购买意愿，应立即抓住时机，签约成交。这时，推销人员还可以提供一些优惠条件，尽快促成交易。

7. 事后跟踪

事后跟踪是推销人员确保顾客满意并促使其重复购买的重要环节。推销人员应认真执行订单中所承诺的条款，如交货期以及安装、维修等。跟踪访问的直接目的是了解买主是否对自己的购买选择感到满意，发现各种售后问题并及时反馈。同时，还可以向顾客表达自己的诚意和关心，以促使顾客产生对企业有利的购后行为。此外，对于一些重要的客户，要特别注意与其建立长期合作关系，帮助其解决问题，提供必要的服务，发展个人之间的商业友谊，实行"关系营销"。

三、人员推销的方法

人员推销的方法较多，主要有直接推销法、应用推销法、关系推销法、连锁推销法和优惠推销法等。

1. 直接推销法

直接推销法是企业营销人员直接对不确定的销售对象进行推销的一种方法。这种推销方法比较简单，多为新营销人员使用；一些经验丰富的营销人员在进入新市场推销产品时，有时也采用这种方法。

2. 应用推销法

应用推销法是企业营销人员通过现场表演、现场试用、现场操作等方式向人们推销产品的一种方法。这种推销方法虽然较为传统，但通常能够取得较好的效果。

3. 关系推销法

关系推销法是企业营销人员利用各种人际关系，通过间接方式向人们推销产品的一种方法。每个人都有一定的人际关系，推销人员在工作中可以通过关系介绍，获得更多的潜在客户。

4. 连锁推销法

连锁推销法是利用营销人员建立起来的，由基本客户介绍新用户的推销方法，也称为滚雪球式推销。营销人员在使用这种方法时，应注意两个问题：一是要与基本客户建立起十分信赖的紧密关系，为此，营销人员需进行适当的情感投资；二是请基本客户连锁介绍新客户时，要随机应变，不能操之过急，更不能强人所难。

5. 优惠推销法

优惠推销法是企业营销人员在向客户推销产品时，采用适当的优惠手段促使产品成交的一种推销方法。例如，可根据客户购买数量的多少，采取一定的折扣优惠；根据客户的爱好，采用一定的赠品优惠；或根据国内外的民族习惯，采用一定的节日优惠；等等。

> **训练示范**
>
> **根据实际案例分析推销方法**
>
> （1）某健身房推出"推荐朋友，双方各得一个月免费会员"的活动。现有会员 A 推荐朋友 B，B 加入后，A 和 B 各自获得一个月免费会员资格。（连锁推销法）
>
> （2）某软件公司推出 30 天免费试用，用户试用后可根据需求选择购买。通过这种方式，用户能够亲身体验产品，从而提升购买意愿。（应用推销法）
>
> （3）某电信公司的销售团队通过电话联系潜在客户，推销新套餐或升级服务。客户同意后，可直接通过电话办理相关业务。（直接推销法）

四、推销人员的管理

由于推销人员的素质高低直接关系到企业促销活动的成败，因此推销人员的甄选、培训及考核十分重要。

1. 推销人员的甄选

甄选推销人员，不仅要对未从事推销工作的人员进行筛选，选拔品德端正、作风正派、工作责任心强且能胜任推销工作的员工成为推销人员，还需要对在岗的推销人员进行甄别，淘汰那些不适合推销工作的人员。

企业甄选推销人员的途径有两种：一是从企业内部选拔，即将企业内部德才兼备、热爱并适合从事推销工作的人选拔到推销部门工作；二是从企业外部招聘，即企业从高等院校的应届毕业生、其他企业或单位中物色合格人选。但无论是哪种选拔途径，都应经过严格考核，优中选优录用。

2. 推销人员的培训

对甄选合格的推销人员，还须加以培训，使其学习和掌握相关知识与技能，然后才能上岗。同时，针对在岗推销人员，也要定期进行培训，使其了解企业的新产品、新经营计划和新市场营销策略，从而进一步提高其综合素质。

推销人员培训的内容通常包括企业知识、产品知识、市场知识、心理学知识和政策法规知识等。常用的培训方法主要有三种：讲授培训、模拟培训和实践培训。

3. 推销人员的考核与评价

为了对推销人员进行有效管理，企业必须建立科学合理的考核与评估制度，以此作为分配报酬的依据和企业人事决策的重要参考指标。

（1）考评资料的收集

收集推销人员的相关资料是考评工作的基础，全面、准确地收集考评所需资料是做好考评工作的客观要求。考评资料的获取主要有四个途径：销售工作报告、企业销售记录、顾客及社会公众的评价以及企业内部员工的意见。

（2）考核标准的建立

绩效考评标准的确定既要遵循与基本标准的一致性，又需考虑推销人员在工作环境、区域市场拓展潜力等方面的差异性，不能一概而论。当然，绩效考核的总体标准应与销售增长、利润增加和企业发展目标相一致。制定公平且具有激励作用的绩效考评标准，需要企业管理人员根据以往的经验，结合推销人员的个人行为综合制定，同时在实践中不断修订和完善。

（3）考评的方法

横向比较法：指将各推销人员之间的工作业绩进行比较。通常而言，这种比较需建立在各区域市场的销售潜力、工作量、竞争环境、企业促销组合等方面大致相同的基础上。需要注意的是，销售量不是衡量推销人员工作业绩的唯一标准，还需对能够反映推销人员工作绩效的其他指标，如顾客满意度、成本损耗、产品销售结构、资金周转速度等进行衡量。

纵向比较法：指将同一推销人员现在的业绩与以前的业绩进行比较，包括销售额、毛利率、销售费用、顾客变更情况等。这种考评方式可以用来衡量推销人员的工作改善情况，以掌握推销人员的业务能力和思想动态变化情况。

（4）推销人员的奖励

通常来说，现阶段企业对推销人员进行奖励的方式主要有三种。

单纯薪金制：指在一定时间内，无论推销人员的销售业绩如何，推销人员均可获得固定数额报酬的形式。具体来说，就是"职务工资+岗位工资+工龄工资"。

单纯佣金制：指与一定期间的销售业绩直接相关的报酬形式，即按销售基准的一定比率获得佣金。单纯佣金制的具体形式又分为单一佣金、多重佣金、直接佣金和预提佣金的区别。

混合奖励制：混合奖励制兼顾激励性和安全性的特点。混合奖励制的关键在于薪金、佣金与分红的比率。一般来说，混合奖励中的薪金部分占比应慎重考虑，吸引有潜力的推销人员；同时，佣金和分红部分应尽可能多，以激励推销人员努力工作。

任务四 公共关系

一、公共关系的含义

公共关系一词源自英文"Public Relations"，简称 PR，意思是与公众的联系，因此也叫公众关系。从市场营销的角度来看，公共关系仅是市场营销的一小部分，指某一组织为改善与社会公众的关系，促进公众对组织的认识、理解及支持，达到树立良好的组织形象、促进商品销售等一系列公共活动。

公共关系具有几个基本特征，主要包括以下几点。

- 公共关系本身是指企业与其相关的社会公众之间的联系，个人之间的所谓人际关系不属于公共关系的范畴。
- 公共关系是一种信息沟通活动，它只能运用信息沟通的手段来协调组织与公众的关系，因此公共关系的活动是有限的。
- 公共关系的目的主要是树立和保持企业及企业产品的信誉与形象。因此，企业的各项策略和措施要尽可能符合公众和社会利益。这要求企业坦诚面对社会公众，并以自身良好的实践行动作为交流的基础，以求得社会公众的理解和支持。

- 公共关系是管理职能发展的结果，公共关系活动是企业整体营销活动中的重要组成部分。

二、公共关系的作用

公共关系促销是将公共关系运用到销售中，从而达到促进产品销售的目的。在企业市场营销活动中，公共关系的作用主要体现在以下几个方面。

1. 提高企业信誉，维护企业形象

企业形象是社会公众和企业职工对企业整体的印象和评价，可以通过公共关系活动进行建立和调整。公共关系的主要任务是塑造企业的良好形象，通过采取恰当的措施，如提供可靠的产品、保持良好的售后服务、维护企业与客户之间的良好关系等，树立企业的良好形象。

2. 加强信息沟通，增加产品创意

企业必须有计划地、长期地向公众传递关于企业的信息。为了使传播取得预期效果，企业需要注重传播技巧，善于通过适当的传播媒介和传播方式向企业内外公众传递合适的信息内容。同时，还需随时监测环境的变化，收集与反馈外界信息。在信息收集过程中，企业需注重了解消费者对企业及其产品的意见以及消费需求的变化趋势，及时改进和调整，从而生产或销售真正能够满足消费者需求的产品，增强企业及其产品的市场竞争力。

3. 改变公众误解，传播正确信息

当企业被公众误解时，可以通过举办公共关系活动传播正确信息，消除形象危机。这有助于企业更容易渡过难关，从而扭转不利局势。

4. 增强内在凝聚力，协调内外关系

良好的公共关系有助于提升企业员工的积极性和创造力。同时，企业可以通过公共活动与外界公众保持联络和协调，为企业发展创造良好的外部环境。此外，良好的公共关系有助于企业赢得外界公众的理解与合作，实现与外部环境的平衡发展。

📰 案例 5-4

老乡鸡葱油鸡少 15 克事件——知错就改

2024 年 5 月 13 日，博主"superB 太"探访老乡鸡门店，发现菜品葱油鸡的分量不足。当着老乡鸡创始人束从轩的面进行测试，葱油鸡熟鸡的标准重量为 170 克，但在 3 家门店现场称重时发现实际重量只有 155 克，相差 15 克。

老乡鸡的创始人束从轩表示："没有什么不能拍的，老乡鸡没有秘密。企业需要你们这样的正能量博主监督。"

5 月 20 日，老乡鸡宣布调整操作标准，葱油鸡加量 20 克，将每份葱油鸡操作标准提升至 190 克，确保出餐时重量不低于 170 克。

老乡鸡研发负责人回应称，重量差异系二次蒸制过程中水分和油脂流失所致。此次事件反映出出餐与操作标准的差异，老乡鸡将通过积极回应和改进，展现解决问题的决

心与对消费者负责的态度。

公关要点：

1. 快速响应：在发现问题后，老乡鸡创始人束从轩迅速做出回应，为接下来的行动争取了时间。在短时间内，老乡鸡找到了反馈问题的原因，并给出对应的解决方案，这显示了他们对问题的高度重视和解决问题的决心。

2. 积极改进：老乡鸡不仅承认问题，还立即采取行动进行改进，调整操作标准，确保端上顾客餐桌的葱油鸡分量足够。这种积极态度和切实行动有助于提升品牌形象。

3. 公开透明：老乡鸡公开问题的调查结果，向公众说明了为什么会出现缺斤少两的情况。调查结果表明，老乡鸡并非故意减少重量，而是在过程中考虑不周。同时，企业还公布改进措施。这种透明度有助于增进消费者的信任。

4. 接受监督：老乡鸡创始人并没有因为遇到负面的评价而"跳脚"，也没有指责对方是"黑公关"，反而表示欢迎正能量博主的监督。这表明他们愿意接受公众的监督，展现了企业的大度包容和广纳众言的形象，容易拉近与大众的距离。这是一种良好的公关策略。

✅ 三、公共关系的促销方式

通常而言，企业通过公共关系进行促销的方式很多，总体归纳起来，主要有以下几种。

1. 发布新闻

新闻是对最近发生事件的报道。对于企业公关人员而言，发现或创造对企业或产品有利的新闻是一项重要任务，因为一则具有影响力的新闻对树立企业形象、扩大产品销量具有重要作用。事实上，凡是对社会和公众有重要影响，能够引起读者、听众、观众兴趣的事件，都可以构成新闻。例如，新厂动工或投产、重要合同签订、新产品开发、企业荣誉、厂庆纪念日、社会公益活动的举办等都可以成为新闻素材。公关人员将企业的重大活动、重要政策以及各种新颖、创新的思路编写成新闻稿，借助媒体或其他宣传手段传播出去，以帮助企业树立形象。

2. 企业刊物

企业刊物是企业与公众沟通的有效媒介之一。企业可以通过印制各种宣传资料，如年度报告、报刊、小册子以及企业重大活动信息等，介绍企业、宣传产品、树立企业形象。这类刊物受企业控制，能够根据企业的公共关系方案进行经常性、有计划、有步骤的宣传。其主要内容是直接报道企业信息，具有针对性强、读者群稳定、印刷方便、成本低等特点，因此被大中型企业广泛采用。

3. 记者招待会

新闻舆论界是影响社会舆论的权威机构，是整理信息、传播信息的专业组织，也是企业与社会公众进行信息交流的桥梁，同时是企业公关促销活动的重要支持者。通过邀请新闻记者发布企业相关信息，并借助记者的报道传播企业的重要政策和产品信息，可以引起公众关注。因此，企业与新闻舆论界建立良好关系的重要途径之一就是召开记者招待会。

4. 社会赞助

社会赞助是指企业以不计报酬的捐赠方式出资或出力支持某项社会活动或某种社会事

业。社会赞助具有公益性，有利于企业与社区、政府部门以及公众建立良好关系，培养社会各界对企业的好感，提高企业的知名度和美誉度。社会赞助的种类很多，一般包括赞助体育活动、文化活动、教育事业、福利事业等。

5. 公关广告

公关广告是指旨在树立企业形象、提高企业知名度和美誉度，争取公众对企业的了解、支持、信任与合作的一种广告形式。其特点包括：一是公关广告在宣传内容上应唤起人们对企业的关注、好感和信赖，树立企业的良好形象；二是公关广告在宣传方式上应取悦公众并争取公众理解。因此，其公众性和社会性较强，商业性较弱。

训练示范

分析以下例子采用了公共关系中的何种促销方式。

（1）某物流公司在自然灾害后赞助物资运输服务，帮助灾区恢复重建。（社会赞助）

（2）某公司每年举办新品发布会，通过活动和全球直播吸引大量媒体和消费者关注。（发布新闻）

（3）某品牌推出"可持续发展计划"，通过新闻稿和社交媒体宣传提升品牌的环保形象。（发布新闻）

四、公共关系的工作程序

企业开展公共关系活动，包括以下四个步骤。

1. 公共关系调查

公共关系调查是公共关系工作的重要内容之一，是企业开展公共关系工作的基础和起点。企业公关工作要做到有的放矢，应先了解与企业实施政策相关的公众意见和反应。公关不仅要将企业管理层的意图传达给公众，还要将公众的意见和要求反馈给管理层。因此，公关部门必须收集、整理并提供信息交流所需的各种材料。

2. 公共关系计划

公共关系是一项长期性工作，合理的计划是企业公共关系工作持续高效的重要保障。在制定公关计划时，企业应以公关调查为前提，根据企业总体目标的要求和各方面的情况，依据一定的原则确定公关工作的目标，最终制定科学、合理、可行的工作方案。

3. 公共关系的实施

公关计划的实施是整个公关活动的核心内容。为确保公共关系实施效果最佳，正确选择公共关系的传播媒介和确定公共关系的活动方式是十分必要的。企业公关应根据企业自身特点、不同的发展阶段、不同的公众对象和不同的公关任务，选择最适合、最有效的活动方式。

4. 公共效果评估

企业应对公关活动是否实现既定目标进行相应评价。公关工作的成效可从定性和定量两方面进行评价。公共信息的传播在一定程度上可以强化或转变信息接收者固有的观念和态度，但人们对信息的接受、理解和记忆都具有选择性。事实上，传播成效是一个潜移默化的过程，在一定时期内很难用统计数据衡量。但有些公关活动的成效可以进行数量统计，如理解程度、抱怨者数量、媒体宣传次数、赞助活动等。通过检测评估，能够衡量公关活动的效果，发现新问题，为制定和调整企业的公关目标和公关策略提供重要依据。

案例 5-5

钉钉求饶事件

为了响应教育部延期开学以及"停课不停学"的号召，钉钉从一个协助在线办公的应用摇身一变，开始"兼职"网课平台。钉钉的特点是：你是否看了直播、是否看到了消息，它都能知道，并且需要多次签到、打卡等操作。这让学生们感觉自己时刻都在被"监控"，不喜欢被"死盯"的学生们对此表示很不满。网上有传言称，低于一星的应用将会被商店下架。于是，钉钉的评论区成为学生们的发泄之地，"少侠"们组团前往各大应用商店刷一星"好评"（根据行业通行的 5 星打分规则，每位用户的最低评分都是 1 分，无 0 分选项，因此评分低于 1 分不可能实现）。

钉钉评分从 4.7 分一度掉到最低 1.3 分。在此情况下，"钉钉 DingTalk"在以 Z 世代用户为主的哔哩哔哩弹幕网发布了一个名为《钉钉本钉，在线求饶》的视频作品，对着各位"少侠"喊"爸爸"，用卖萌、可怜的形象向对钉钉恶意刷一星的用户跪求好评。该视频发布后，钉钉在应用商店的评分及网络好感度均有所回升。该视频甚至还挤入 B 站当时热门视频 Top10 榜单。

思考：钉钉的行为对其自身的发展有何影响？在互联网时代，这对其他企业有何启示？

任务五　营业推广

营业推广是与人员推销、广告和公共关系并列的四种促销方式之一，是促销组合的重要部分。

一、营业推广的概念与特点

1. 营业推广的概念

营业推广，又称销售促进，是指企业在短期内通过促销活动，刺激消费者或中间商对某种或几种产品或服务产生大量购买行为的过程。其作用方式是：在短时间内，企业通过合理组合并运用各种促销手段，传递和沟通企业与顾客之间的信息，加深顾客对企业及其产品的了解，诱导顾客对企业及其产品产生好感、信任和偏爱，从而促进产品销售。由于所采用的手段通常具有较强的刺激性，因此营业推广活动的短期效果十分显著。

2. 营业推广的特点

（1）非规则性

营业推广多用于短期和临时的促销工作，是一种不定期且非例行的促销活动。与广告等促销手段相比，它更注重刺激顾客采取直接的购买行为。如果说广告提供了购买的理由，那么营业推广则提供了购买的动力。

（2）灵活多样性

常用的营业推广方式包括样品、优惠券、赠品、免费试用、有奖促销、产品展示等多种形式，各具特点。在开展营销活动时，企业可以根据自身的具体情况灵活选择适合的方式。

（3）起效快

只要企业选择恰当的营业推广方式，其效果就能够快速显现在企业的推销工作中，而广告或公共关系的效果则需要较长时间才能显现。

（4）易逝性

尽管营业推广在销售中引起的反应比广告等促销手段更快，但由于营业推广主要吸引的是追求购买优惠的顾客，因此它难以培养长期稳定的购买者。此外，这种方式容易让人觉得卖方急于出售商品。

案例 5-6

折价促销是超市使用频率最高的促销活动。这种活动形式通过使用折扣券、商品特卖或者限时折扣的方式，让消费者以低于原价购买商品。折价促销能够提高消费者对商品的关注度，在促进超市销售方面极为有效，对短期销量的提升具有立竿见影的效果。

超市在特定营业时间内提供优惠商品销售的措施，旨在吸引顾客。进行限时折扣时，应通过宣传单、广播等形式将折扣商品告知顾客。限时折扣的商品折扣率一般在 3 折左右，才能对消费者产生足够的吸引力。

北京联发超市连续多年创造了不俗的经营业绩，在同商圈的超市竞争中始终处于领先地位。除价格优势外，该超市采取的灵活多变的应季营销手段也取得了良好的效果。某年夏天，北京天气异常炎热，晚上居民不愿闷在家里，纷纷来到室外消暑纳凉。该超市适时推出了"夜场购物"，将闭店时间从原来的晚 9 点半延长至 12 点。同时，在这一时段，将一些食品、果菜等生鲜品类打折销售，既为附近居民提供了纳凉的好去处，又以低价促销了大量日配商品。此举很快赢得了广大消费者的欢迎，也吸引了不少附近商圈的居民前来购物，使其在这一商圈的同业竞争中一举胜出。

思考：现实生活中，除了上述材料中提及的折价促销，超市还会采用何种方式提高营业额？

二、营业推广的种类和具体形式

营业推广的方式多种多样，但由于各种条件的限制，企业不可能全部使用。这就需要企业综合考虑各种方式的特点、促销目标、目标市场的类型及市场环境等因素，选择适合本企业的营业推广方式。针对不同的促销对象，企业采取的营业推广方式也有所不同。

1. 针对消费者的营业推广形式

向消费者进行推广，是为了鼓励老顾客继续购买、使用本企业的产品，同时激发新顾客试用本企业产品的兴趣。其方法主要有以下几种。

（1）样品派发

免费向顾客发送样品供其试用，是效果较好但成本较高的一种促销方式，一般主要用于新产品推广阶段。

（2）赠品

赠送低价商品或免费商品，使顾客得到实惠，从而刺激顾客产生购买行为。一般而言，赠送的物品主要是一些能够向消费者传递企业相关信息的精美小物品。

（3）优惠券

优惠券可降低产品价格，是一种常见的消费者营销推广工具。它指企业向持有人提供一个凭证，证明其在购买某种商品时可以免付一定金额的费用。研究表明，优惠率达到15%～20%时效果最佳。

（4）减价优惠

减价优惠是指在特定时间和特定范围内调低产品的销售价格，以吸引消费者前来购买。这种方式因能够与竞争者进行价格竞争而受到消费者青睐。

（5）退款优惠

退款优惠是指顾客购买商品并提供相应凭证后，企业返还顾客所购商品部分或全部的付款。这种方法通常用于汽车等单价较高的商品。

（6）趣味类促销

趣味类促销是指利用人们的好奇心、侥幸心理和追求刺激等心理特点，举办竞赛、抽奖、游戏等趣味性促销活动，以吸引消费者的参与兴趣，促进销售。

（7）以旧换新

以旧换新是指消费者凭使用过的产品，或者使用过的特定产品的证明，在购买特定产品时，可以享受一定抵价优惠的促销活动。这类方式一般由生产企业采用。

（8）联合推广

两个或两个以上的企业进行促销方面的合作，以扩大各自产品的销售额或知名度。例如：某饮料厂和某快餐店联合开展"光顾快餐店有机会获得免费饮料"活动。

训练示范

分析以下案例为何种营业推广方式。

（1）某家电品牌推出"冰箱以旧换新"活动，消费者可用旧冰箱折价换购。（以旧换新）

（2）某快餐品牌与电影公司合作，推出"购买套餐赠送电影票"活动。（联合促销）

（3）某服装品牌推出"购物满500元赠送精美手提包"活动。（赠品促销）

案例 5-7

美国人卡尔开了家小店，开始时生意冷清，后来他经过精心计算做出决定：只要顾客拿出一美元，便可以购买店里的任意一件商品。于是吸引了大批顾客，销售量超过附近几家大的百货公司。后来他改行经营绸布店，又在经营方式上推陈出新，决定凡在该店购买10美元商品，可获赠白券一张，积满5张白券可兑换蓝券一张，积满5张蓝券可兑换红券一张，而一张红券可以任意挑选店中的一件商品。这种"卡尔销售术"使他成为百万富翁。

思考："卡尔销售术"具体属于何种营业推广方法？

2. 针对中间商的营业推广方式

向中间商推广，是为了促使中间商积极经销本企业产品，同时还能有效地协助中间商开展销售，加强与中间商的关系，达到共存共赢的目的。推广方式主要包括以下内容。

（1）折扣鼓励

折扣鼓励包括现金折扣和数量折扣。现金折扣是指生产企业对及时或提前支付货款的经销商给予一定的货款优惠；数量折扣是指生产企业对大量进货的经销商给予额外的优惠。

（2）经销津贴

为促进中间商增购本企业产品，鼓励其对购进产品开展促销活动，生产企业给予中间商一定的津贴，主要包括新产品的津贴、清货津贴、降价津贴等。

（3）宣传补贴

一些生产企业需要借助经销商进行广告宣传。为了激励经销商积极宣传，经销商可以凭相关宣传单据获得厂家一定数额的补贴。

（4）陈列补贴

随着终端竞争的日益激烈，生产企业为了使自身产品在终端获得更好的销售位置，往往给予中间商一定的陈列补贴，希望经销商维护产品在终端竞争中的优势地位。

（5）销售竞赛

销售竞赛是用来激励中间商努力销售的一种方式，对销售表现优异的中间商进行奖励，包括货款返还、旅游度假、参观学习等。为了达到有效的激励效果，销售竞赛的奖金或奖品必须足够具有吸引力。

（6）展览会

展览会是指企业利用相关机构组织的展览和会议，进行产品和企业的展示。通过这种形式，可以让经销商了解企业的发展情况和相关产品知识，有助于提升其业务能力。

3. 针对销售人员的营业推广形式

（1）销售奖金

销售奖金是为了激励销售人员的工作积极性，对完成任务的销售人员给予一定的物质奖励。

（2）培训进修

培训进修是为了提高销售人员的业绩，对其进行业务技能和销售技巧的培训。

（3）会议交流

会议交流是定期或不定期召集销售人员交流工作经验、工作方法以及工作中的得失，促进销售人员的共同进步。

（4）旅游度假

旅游度假是企业为了表彰先进、增强企业内部凝聚力，对销售业绩突出且素质表现良好的销售人员给予国内或国外旅游度假的奖励。

案例 5-8

盛隆超市促销活动方案

一、活动时间：2024 年 9 月 15 日至 9 月 17 日

二、活动主题：花好月圆人团圆　盛隆送礼喜连连

三、卖场陈设：卖场内专设中秋礼品专卖区，按照月饼品牌、保健品和酒的类别整齐陈列，并指定专人负责礼品促销。策划部负责中秋礼品区的装饰，要求装饰醒目，吸引顾客。

四、活动内容：

一重喜：一次性购物满 50 元，可得"中秋礼券"一张，满 100 元得两张，单张小票最多限 5 张：

A. 购买指定品牌月饼礼盒，此礼券可相应抵扣 5 元（此优惠券仅限活动期间使用）

B. 购买指定品牌的保健品或酒，可分别抵扣 5 元或 8 元（此优惠券仅限活动期间使用）

二重喜：如果中秋礼券右下角的文字能拼出"盛隆团圆奖""盛隆喜庆奖""团圆奖""喜庆奖"，顾客可获得相应价值奖品。中奖条件和奖项设置如下：

A. 团圆奖——集齐"团、圆、奖"3 个字，奖励价值 200 元的礼品

B. 喜庆奖——集齐"喜、庆、奖"3 个字，奖励价值 100 元的礼品

C. 欢乐奖——集"盛、隆、团、圆、喜、庆、奖"7 个字中的任意一个，奖励价值 5 元的盛隆购物券一张（10 月 7 日前使用）

奖项设置：团圆奖：30 名　　喜庆奖：100 名　　欢乐奖：500 名

五、商场布置

总店：中秋节的吊旗、门口展示条幅、中秋节宣传画、陈列区的其他相关布置

连锁店：中秋节条幅、吊旗、陈列区的其他相关布置

六、费用预算

条幅：10 米×6（元/条）×26 条=1560 元

中秋礼券：0.1（元/张）×10 万张=10000 元

吊旗：2.5（元/面）×1000 面=2500 元

广告费用：宣传单、其他物料……待定

人员费用：待定

七、活动执行及注意事项

1. 各部门相关负责人收到方案后，应在 3 日内以简洁的书面形式提交涉及本部门工作的具体实施计划与细则，经领导审核通过后方可执行。所有工作务必在 9 月 1 日前全部准备到位。无故拖延影响活动整体实施者，将按公司相关规定处理。

2. 活动期间，所有店员服装整洁，精神饱满，笑脸迎客。

3. 活动期间，各店铺按计划进行来客品尝、促销介绍、礼品推广和新品推荐。

4. 活动期间，人事、行政部门做好各项后勤保障工作。

5. 财务部建立各项促销活动预算控制措施，设立专账汇总，为后续促销活动提供数据支持。

6. 活动期间，各部门之间积极配合，相互支持，全力以赴完成促销目标。

任务六 促销活动在新媒体平台的运用

相较于传统媒体，在新媒体平台上运用促销活动，企业可以更精准地触及目标受众，并通过互动和分享扩大活动的影响力。

一、新媒体平台开展促销活动的具体步骤和策略

1. 明确目标

设定目标：确定促销活动的具体目标，例如通过促销活动提升品牌知名度、增加销售额或清理库存等。

目标受众：明确目标受众的特征，如年龄、性别、兴趣、消费习惯等。

2. 选择平台

常见的平台包括以下内容。

社交媒体：如微信、微博、抖音、快手等，适合互动和分享。

电商平台：如淘宝、京东、拼多多等，适合直接销售和促销。

内容平台：如小红书、知乎等，适合内容营销和口碑传播。

3. 创意策划

活动形式：选择适合的活动形式，如抽奖、限时折扣、互动游戏、直播促销等。

内容创意：确保活动内容新颖，吸引用户关注和参与。

4. 制定规则

活动规则：明确活动规则和参与方式，如转发、评论、点赞、分享等。

奖品设置：设置吸引人的奖品，如优惠券、免费产品、现金奖励等。

5. 宣传推广

多渠道宣传：通过社交媒体、电子邮件、官网等多种渠道宣传促销活动，确保信息覆盖广泛。

KOL 合作：与知名博主或网红合作，通过他们的影响力扩大活动曝光度。

6. 互动和参与

用户互动：通过评论、点赞、分享等方式与用户互动，增加用户参与度。

实时反馈：及时回复用户问题和反馈，提升用户体验。

7. 数据监控

数据分析：通过平台提供的数据分析工具，监控活动效果，如参与人数、点击率、转化率等。

调整策略：根据数据分析结果，及时调整活动策略，优化活动效果。

8. 总结和反馈

活动总结：活动结束后，总结活动效果和经验教训，为下次活动提供参考。

用户反馈：收集用户反馈，改进活动体验，提升用户满意度。

二、运用新媒体平台开展促销活动的优势

精准触达：通过新媒体平台进行数据分析，精准触达目标受众。
互动性强：通过互动和分享，提升用户参与度和品牌互动。
传播迅速：借助社交媒体的传播效应，快速扩大活动影响力。
成本效益高：与传统媒体相比，新媒体平台的促销活动成本较低且效果显著。

三、运用新媒体平台开展促销活动的注意事项

1. 内容创意：确保活动内容新颖，吸引用户关注。
2. 规则明确：清晰制定活动规则和奖品设置，避免用户误解。
3. 数据分析：利用数据分析监控活动效果，及时调整策略。
4. 用户反馈：及时收集用户反馈，优化活动体验。

训练示范

1. 某电子产品品牌在淘宝直播上推出"直播促销"活动，主播在直播中详细介绍产品功能和使用技巧，并提供限时优惠券。通过直播促销，该品牌成功吸引大量观众观看并购买。（直播促销）

2. 某美妆品牌在微博上推出"转发抽奖"活动，用户转发活动帖子并@好友，有机会赢取新品套装。通过抽奖活动，该品牌成功吸引大量用户参与和分享，提升了品牌的曝光度。（社交媒体抽奖）

拓展阅读

从咖啡到酒，跨界碰撞的火花

瑞幸咖啡成立于 2017 年，是国内新兴的咖啡品牌。品牌定位为：让人人都喝得起、喝得到的优质咖啡。主要消费者群体为一、二线城市的年轻白领及学生群体，这部分消费者追求高品质咖啡，同时需要便利的服务。

贵州茅台是中国传统特产酒，世界三大蒸馏名酒之一，大曲酱香型白酒的鼻祖，已有 800 多年历史，是高端白酒品牌的代表。

此次合作，双方品牌有着不同的联名动机。瑞幸咖啡近年来频繁开展联名活动，旨在吸引更多消费者关注。通过此次活动，瑞幸借助茅台的品牌影响力，可扩大其在中高端消费者中的影响力，提升品牌形象。而贵州茅台作为传统酒业巨头，则希望通过联名拓展年轻市场，布局年轻一代消费者群体。

产品策略

此次联名产品命名为——酱香拿铁。产品味道：前段香，中段柔，后段醇。产品价格：酱香拿铁定价为 38 元，优惠后为 19 元。产品具体发布时间为 2023 年 9 月 4 日，其

卖点具体打造为：美酒+咖啡，每杯咖啡中含有 53 度茅台酒。

创意策略

联名玩法：传统与现代、高端与平民的完美结合。

包装设计：包括茅台元素的红白色联名纸袋、贴纸、限量杯套。

话题爆点

反差感：高端白酒品牌与平价咖啡品牌联名，具有强烈的冲突感与反差感。

话题营销

「"早 C 晚 A"浓缩于一杯咖啡」话题迅速引爆互联网。

「瑞幸回应和茅台联名能否开车」话题在社交平台上收获高位热搜。

「起猛了看到瑞幸茅台联名了」登上种草榜 TOP1。

多渠道营销造势

瑞幸在多个社交平台发布倒计时海报，勾起消费者的好奇心与兴趣，提前进行营销造势。

传播策略

预热期：2023 年 9 月 1 日至 9 月 3 日，发布前三天推出倒计时海报。

发布期：2023 年 9 月 4 日发布，密集型传播，引发消费者纷纷购买。

加热期：众多相关话题登上热搜，引发各年龄段群体讨论。

全渠道传播，主要传播渠道包括小红书、微博、抖音等社交平台。通过病毒式传播，消费者在各个平台进行点评、晒图、测评，形成广泛传播效果。

成功原因

1. 高端品牌大众化。联名产品推出后，"人生的第一口茅台，买!""买不起茅台我还不能买个茅台咖啡吗?"等评论迅速传播开来。瑞幸借助茅台的品牌势能成功实现联名目的。

2. 话题传播性强。强大的品牌价值和话题性激发了人们尝试、打卡、炫耀及传播的欲望。

3. 横向破圈。由于两者的消费者定位不同，通过这次联名让不同群体共同提升热度，实现不同圈层的渗透。除了年轻人购买打卡外，还有不少中年群体也晒出购买咖啡的照片。

思考：瑞幸与茅台的合作为何能成为爆款案例，这次促销活动对其他企业有什么启示?

学习指南

工作任务	选择合适的物流模式		教学模式	任务教学法
建议学时	4 学时		教学地点	多媒体教室
学习目标	知识目标	1. 了解物流基础知识 2. 理解物流与快递的区别 3. 理解运输合理化 4. 掌握市场营销物流模式的选择技巧 5. 理解仓储作业流程 6. 掌握仓储管理合理化机制		
	能力目标	1. 具备利用多种信息化平台独立自主学习的能力 2. 具备制定工作计划、独立决策和实施的能力 3. 具备运用多方资源解决实际问题的能力 4. 具备准确进行自我评价和接受他人评价的能力 5. 具备根据客户要求及运营实际情况进行仓库选址与布局初级方案设计的能力		
	素质目标	1. 培养学生爱岗敬业精神 2. 培养学生自主学习意识，具备分析问题和解决问题的能力 3. 培养学生的工作积极性和主动性		
关键词	物流；合理运输；物流选择			

思维导图

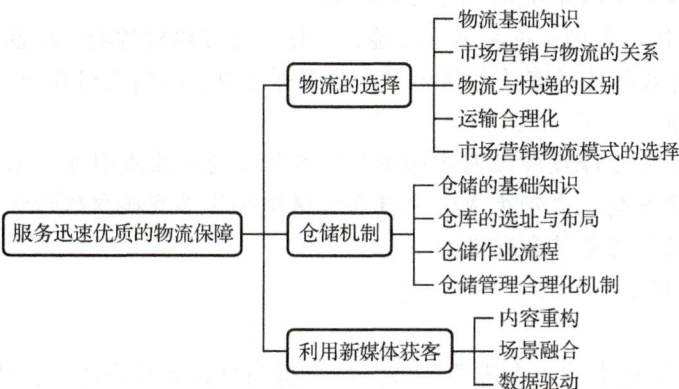

服务迅速优质的物流保障

- 物流的选择
  - 物流基础知识
  - 市场营销与物流的关系
  - 物流与快递的区别
  - 运输合理化
  - 市场营销物流模式的选择
- 仓储机制
  - 仓储的基础知识
  - 仓库的选址与布局
  - 仓储作业流程
  - 仓储管理合理化机制
- 利用新媒体获客
  - 内容重构
  - 场景融合
  - 数据驱动

市营文化

市营哲语：周道如砥，其直如矢。

——《诗经·小雅·大东》

【释义】大道平坦如磨石，笔直如箭杆，形容道路的平坦，畅通无阻。据《周礼》记载，道途专管庐舍候馆的官员，称为"野庐氏"。他负责筹办京城 500 里内所有馆舍的车马粮草、交通物资；要保证道路畅通，宾客安全；要安排白天轮流值班和夜间巡逻人员；还要及时组织检修车辆、平整道路等。可见，早在周朝时，人们已非常重视物流。

任务一 物流的选择

案例6-1

智慧物流来了，这个"双 11"的货物将如期将至！

每年的"双 11"购物节都是对快递行业的一次大考。虽然快递包裹越来越多，但人们收到快递的时间并没有变慢，反而越来越快了。这究竟是为什么呢？为什么快递行业面对海量的快递订单反而处理得越来越快了？这就要提到快递行业的高科技助手——智慧物流。

一、分拣环节

在快递的分拣环节，以前需要分拣员逐一对包裹进行扫码入库。而现在，以智能分拣装备为核心的多类型技术装备被广泛应用，在很大程度上提高了包裹分拣效率，避免了以往因快递过多而产生的"爆仓"问题。例如，中科院微电子所研究员李功燕的研究团队最新研制的智能物流输送分拣系统，就可完成每小时平均处理十万余件包裹的工作量，单套系统便可以节约人力成本超 70%。

二、仓储环节

传统仓储需要工作人员逐一手动扫描货物入库，如今在智慧物流系统下的智慧仓库，可以凭借传感器及识别技术实现机器自动操作。

通过安装 RFID（射频识别技术）标签，工作人员可以对货物、托盘和操作硬件等资产进行标记，及时获取传送有关订单内容和位置等信息，做到实时监控货物出入库情况。

三、配送环节

在快递行业，基于深度神经网络的细粒度分拣码自动生成引擎技术，可实现对货品地址的自学习与自分析。自动生成的分拣和配送编码能够直接取代传统的邮政编码，从而实现海量包裹的快速分拣和配送。

（来源：人民网）

物流作为经济活动中的一个重要环节，越来越凸显其关键作用，已成为企业在激烈市场竞争中提高核心竞争力的重要手段。本项目包括物流选择、仓储机制和售后服务三个学习任务。完成学习任务后，学习者能够掌握物流、仓储和售后服务的基础知识，了解物流与快递的区别，学习如何开展合理的运输并实现仓储管理优化，如何选择适合的市场营销物流模式，进行仓库选址与布局设计，熟悉仓储作业流程，掌握售后服务物流流程，提高售后服务水平的技巧，以及应对售后服务物流投诉的有效方法。

✅ 一、物流基础知识

市场营销涵盖了从市场调研、产品开发、定价策略、促销活动到分销渠道等一系列与产品和服务从生产者到消费者转移相关的活动。有形商品要从生产者手中交付到消费者手中，必然涉及物流。那么，我们应如何利用物流手段高效地将商品送达消费者？我们将在本章节中探讨答案。

（一）物流的概念

1. 物流

物流是指为了满足客户需求，通过运输、保管、配送等方式，实现原材料、半成品、成品或相关信息从商品产地到商品消费地的计划、实施和管理的全过程。物流起源于 20 世纪 30 年代。根据国家标准《物流术语》（GB/T 18354—2021），物流（logistics）是指物品从供应地向接收地的实体流动过程。根据实际需要，可将运输、储存、装卸、搬运、包装、流通加工、配送、信息处理等基本功能有机结合。物流由七大构成部分组成：物品的运输、仓储、包装、搬运装卸、流通加工、配送以及相关的物流信息环节。

2. 物流管理

物流管理是指为达到既定的目标，对物流的全过程进行计划、组织、协调与控制。物流管理的特征包括：以客户满意为首要目标，追求客户服务的差异化战略，满足客户的个性化需求；以整个流通渠道的商品运动为管理过程，将销售渠道的各个参与者（如厂家、批发商、零售商和消费者）联系起来，从而保证销售物流行为的科学性；以追求企业整体最优为主要目标，从原材料的调拨到产品向消费者移动的物品流动的各种活动中，将企业各部门有效整合，发挥效益最大化的综合活动；重视效率和效果并重，从原来重视物流设备等硬件转变为重视智能软件的有效使用，从原来以运输存储为主转变为重视物流活动的全过程，从原来重视一线作业层面转变为管理层到作业层自上而下的全流程；以信息为核心来满足市场实际需要，从原来生产建立在市场需求预测基础上的投机型经营行为转变为按订单生产的实需型经营行为，信息化为物流快速响应提供了技术支撑；对商品运动实行一元化管理。现代物流包含运输、存储、包装、装卸、流通加工、配送和信息等环节，各环节作为具有逻辑关系的一体化来组织管理，使物流服务以低成本、高质量的方式服务顾客。例如，过分强调存储环节的节约而选择偏远仓库，可能导致运输成本的增加。物流管理应实行一元化管理，使各物流环节相互影响、相互制约。

3. 物流的内涵

物流是一种创造价值的经济活动，是物品从供应地向接收地流通的过程，是物品高效率、有益的流动过程，是不断满足客户需求的过程。物流包括流体、载体、流向、流程和流速等构成要素，以及运输、装卸搬运、存储、包装、配送、流通加工等基本功能。

（二）流通活动与物流

狭义的流通是商品从生产领域向消费领域运动的过程，由售卖过程（W—G）和购买过程（G—W）构成，它是社会再生产的前提和条件。商品流通将交换过程分解为两个独立的阶段：售卖过程（W—G）和购买过程（G—W），从而将交换过程分解为卖和买两个独立的行为。商品流通两个阶段的任何一个环节中断或受阻，都会使经济活动之间的联系无法实现。流通将生产者和消费者之间的社会、空间和时间的间隔联系起来。现代流通领域包含四大支柱流，即商流、物流、资金流和信息流，四者"互为存在、相互作用、密不可分"，既相互独立，又是一个综合体。将它们有机结合，会产生更大的能量，创造更大的经济效益。

1. 商流

商流是基于交换主体在经济利益上形成的经济运动过程。过程的结果是按照一定方式，在等价交换的基础上完成交换客体所有权的转移。商流活动创造了物资的所有权效用。

2. 物流

物流是基于交换，即产品实体在空间位移中形成的经济活动。过程的结果是按照一定时间要求完成社会再生产过程的物质补偿和实物替换。

商流和物流是商品流通活动的两个方面，它们相互联系，又相互区别；相互结合，又相互分离。商流是物流的前提，没有产品所有权的转移（即买卖活动发生），实物的空间位移则无从谈起。实物运动方向与商品交易方向具有一致性。物流并非先于商流存在，而是有了买卖行为之后才有物流。商流和物流相辅相成、相互补充。

3. 资金流

资金流是指在营销渠道成员之间，随着商品实物及其所有权转移而发生的资金往来流程。

4. 信息流

信息流是指信息的传递与运动，这种传递与运动是在现代信息技术研究、发展和应用的条件下，信息按照一定要求通过特定渠道进行的。这种流动可以在人与人之间、人与机构之间、机构内部以及机构与机构之间发生，例如报表、图纸、书刊等，以及电信号、声信号、光信号等。随着社会信息化进程的加快和信息的大量涌现，人们对信息的需求激增，信息流呈现错综复杂、瞬息万变的形态。信息流的作用越来越重要，其功能主要体现在沟通连接、引导调控、辅助决策以及经济增值等方面。

流通活动应按照"5R"（Right time，Right time quantity，Right quality，Right place，Right supplier，即在恰当的时间与恰当的地点，以恰当的数量和恰当的质量提供恰当的物品）的要求为客户提供优质的商务服务，形成四流合一，相辅相成。

二、市场营销与物流的关系

（一）物流在市场营销中的作用

1. 物流是构成市场营销的重要因素

市场营销与物流是两个紧密相连的领域。在市场营销策略中，物流不仅是一个支持性环节，更是实现营销目标的关键手段。企业需要根据市场需求和竞争态势，制定灵活的物流策略，以支持其市场营销活动。市场营销关注识别和满足消费者需求，而物流则确保产品能够高效、及时地从生产者转移到消费者手中。

2. 物流是市场需求的创造手段

物流在很大程度上创造了市场需求。当消费者体验到商品可靠、快速地送达时，购买意愿会增强。"当日达""次日达"等快速配送服务大大提高了客户满意度。消费者逐渐接受、习惯甚至依赖这种购物体验，从而愿意更频繁地购买，刺激消费需求。同时，物流帮助企业通过市场营销扩大市场覆盖率，例如在偏远地区，从而拓展消费群体和潜在用户。

3. 物流是降低营销成本的有效途径

物流系统对营销的影响主要体现在成本削减上，而成本的变化往往是市场营销中非常重要的因素。通过优化物流系统，企业可以显著降低物流成本，从而减少营销费用和产品价格，巩固客户群体并扩大市场份额，获得更好的市场营销效果。

（二）市场营销对物流的影响

市场营销策略中的产品策略、价格策略、分销策略和促销策略都会直接或间接影响物流系统的设计。

1. 产品策略影响

市场营销中，产品的多样化要求物流系统能够及时处理不同规格、重量和存储条件的产品。为了适应瞬息万变的市场需求，频繁的新品发布也需要物流系统快速响应，确保新品及时进入市场。

2. 价格策略影响

价格策略中的折扣、促销等活动会影响物流系统的订单处理和配送效率，直接关系到物流活动的深度和顺畅性。企业在制定价格策略时，应充分考虑物流与营销两个方面的因素。

3. 分销策略影响

市场营销中的分销策略要求保持从生产环节到消费群体整个流程中物流活动的畅通无阻，确保产品顺利到达消费者手中。企业需要根据市场营销渠道的变化，及时调整物流系统，以适应新的市场环境。

4. 促销策略影响

企业在市场营销中，为了在特定时期提高销售额或扩大市场份额，常常采取各种促销手段。在提高企业盈利的同时，这些促销活动也可能对物流成本产生影响。例如，"双11"

大促会大幅提高产品的订单规模，影响仓库的货物处理和物流活动的效率。因此，在制定促销策略时，企业需要充分考虑物流系统的承载能力，以确保促销活动顺利进行。

（三）物流对市场营销的促进作用

物流管理质量直接影响企业市场营销质量，有助于企业优化市场营销的时间和空间，使市场营销更具创新性。优秀的物流管理能够降低运输成本，帮助企业在竞争中形成价格优势；完善的物流网络能够优化商品的分销途径，拓宽营销渠道；高效的物流运输可以促进消费者大量购买商品，增加企业盈利。由此可见，物流是企业市场营销的重要组成部分，也是企业的坚实后盾。

1. 物流对分销策略的影响

物流配送的准时性、快速性和安全性能够大幅提高客户的满意度，使客户更愿意与企业建立长期合作关系。良好的物流服务能够有效促进企业营销过程中的销量，增加市场份额。市场营销的政策和策略对物流系统的设计和运行具有决定性影响。物流在生产与销售、库存之间起到调节作用，产销在时间和空间上的矛盾可以通过物流解决，同时又反过来促进产销的协调。

2. 物流对定价策略的影响

企业的物流业务会产生一定的费用，企业在进行营销成本估算时必须考虑物流成本，从而综合计算商品定价。可见，物流成本对定价策略有重要影响，而定价策略进一步影响商品的促销策略。市场营销部门在制定商品定价策略时，需要充分考虑物流成本的影响。

3. 物流对产品策略的影响

企业在进行市场营销时，也要考虑产品包装的标准和规则，尤其是在进行新品研发和推广时，确保产品包装不仅有利于新品的销售，还能保障商品在运输过程中的安全性和便捷性。

4. 物流对促销策略的影响

许多企业在市场营销环节中会遇到这样的难题：企业耗费大量促销成本推广产品，但消费者在购买产品后迟迟未收到货，或者商品在运输途中遭到损坏而被退货。由于物流环节的缺失，促销效果大打折扣。

三、物流与快递的区别

快递是兼具邮递功能的门到门物流活动，快递公司通过铁路、公路和航空等交通工具，对客户货物进行快速投递。快递服务有不同的规模，小规模的快递服务覆盖特定市镇，大规模的快递服务则覆盖区域、跨国甚至全球范围。我国主要的快递公司包括京东物流、顺丰速运、跨越速运、百世快递、宅急送、中通快递、申通快递、圆通快递、韵达快递等。

物流与快递虽然都是将货物从一个地方运送至另一个地方，但实际上经营业务有所区别。快递以网点、分拨批次、快速集散为三要素，以速度和标准化操作为竞争亮点；物流一般以仓储、干支线运输、配送为三要素，以一条龙服务和项目管理为竞争亮点。具体来说，物流与快递有以下几个方面的不同。

（一）服务对象不同

快递公司主要为个人服务，物流公司主要为企业服务。例如，网上购物、直播带货的体积相对较小的商品，四川的网上商家要寄一份商品给湖南的消费者，需要联系"四通一达"、顺丰等快递公司；如果某企业有一车货物需要从北京运往上海，一般需要联系物流公司而非快递公司。我们可以理解为，小件物品找快递公司，大件物品或大量货物找物流公司。

（二）运输大小不同

快递公司主要运送 50kg 以下的货物，主要是小物件，如衣服、文件、水果、生活用品、少量电子产品等；物流公司主要运送大型货物，比如大型机械、大型设备、家具等数量较多的物品。

（三）服务方式不同

快递公司在全国有很多服务网点，每个省、市、县甚至乡镇都有自己的网点，由各个网点的快递员上门取货、送货。而物流公司基本上采用专线运输或拼箱运输等方式，物流公司大多设在一个固定地点，通常将货物运送到目的地后由客户自提。

（四）运输价格不同

快递运送的货物不仅涵盖干线运输，还包括支线运输与终端配送，例如快递员使用电动车、摩托车等进行收货和派送；而物流公司主要负责整车货物的运输，也包括拼箱运输，但通常是大型货物。物流公司不会为了运送一件价值几十元的商品动用一台大型货车。

（五）到货时间不同

国家邮政局发布的邮政行业标准《快递服务》系列（GB/T 27917—2023）中，对快递服务时限有明确规定：同一城市城区快递服务时限不超过 24 小时，其他同城快递不超过 48 小时，省内异地及省际快递服务时限不超过 72 小时。此外，快递公司每一个包裹都有快递单号，方便对众多包裹进行分类配送，同时也方便用户查询物流信息。而物流公司一般没有快递单号，除非是全国大型物流公司才会有快递单号。此外，为了节约成本，物流公司通常要等到货物达到一定数量后才开始运输。

四、运输合理化

（一）商品合理运输的定义与作用

1. 商品的合理运输

商品的合理运输是指在商品从生产地到消费地的运输过程中，综合考虑多条运输路线和多种运输方式，从整体利益出发，选择运输距离短、运输能力强、运输费用低、中转次数少、到达速度快、运输质量高的运输方式。同时，应充分发挥各种运输工具的作用和运输能力。因此，运输的各个环节必须紧密衔接，做到环环相扣、密切协作，以确保商品运输工作的合理开展。

2. 商品合理运输的意义

商品的合理运输要求在商品的运量、运输距离、流向和中转等环节做到科学规划和合理安排，以确保各种运输工具和运输能力得到有效且节约的使用，从而以最低的运输费用、最快的运输速度完成各类商品的流转任务。在市场营销中，合理运输不仅有助于降低商品价格，还能够缩短商品在途时间，加快商品周转速度，对企业节约流动资金具有重要意义。

（1）缩短运输时间

商品运输合理化可以有效缩短商品在途时间，降低库存周转时间，加快物流速度，提高商品使用效率，促进社会再生产的顺利进行。

（2）节约运输费用

商品运输合理化意味着运输距离缩短和运输工具的高效使用，从而达到节约运输费用、降低物流运输成本的目的。羊毛出在羊身上，对于供应链终端的消费者而言，成本降低使商品价格也有下降空间。因此，我们应选择合理的运输方式和运输工具，并优化运输路线，以降低物流运输费用，提高物流运输效益。

（3）节约运力和能源

商品在途时间减少、运输距离缩短、运输工具得到有效使用，商品运输合理化意味着节约运力，降低运输部门的能源消耗，提高能源的有效利用率。从某种意义上说，商品的合理运输是环境保护的一种有效途径，也是实现绿色物流的手段之一。

（二）开展合理运输应考虑的因素

商品合理运输对于加速商品流通、降低商品生产和流通费用、提高运输效率、减少运输成本、降低能源消耗、提高社会效益和经济效益具有重要作用。开展合理运输应考虑的因素主要有以下五点。

1. 运输距离

运输距离是判断运输是否合理的一个基本因素。运输时间、运输货损、运费和运输工具周转等技术经济指标都与运输距离有一定的比例关系。因此，无论是物流公司还是市场营销中企业的运输部门，都应首先考虑运输距离，尽可能优化运输路径。

2. 运输环节

减少运输环节对实现商品合理运输具有重要的促进作用。在运输业务活动中，每增加一个环节，必然会新增装卸、搬运、包装等附属活动，从而导致各项技术经济指标发生变化。

3. 运输时间

运输时间的缩短对整个物流时间的缩短具有决定性作用。尤其是在远程运输中，减少运输时间有利于运输工具加速周转，充分发挥运力作用，同时有助于提高运输线路的通行能力。

4. 运输工具

最大限度地发挥运输工具的特点和作用是实现商品合理运输的重要环节。各种运输工具都有其优势和劣势，应根据不同商品的特点对运输工具进行优化选择。应充分利用铁路、水运、公路运输、航空运输等运输工具，选择最佳运输路线并合理调配运力。

5. 运输费用

在组织商品合理运输的工作中，积极节约运费是一项重要任务。运费在全部物流费用中占有很大比例，运费的高低在很大程度上决定了整个物流系统的竞争力。这不仅关系到物流企业或运输部门的经济效益，还影响商品的销售成本。

以上因素相互联系相互影响，有的甚至相互矛盾。例如，在采用汽车运输方式时，为了缩短运输时间而选择高速公路，虽然时间缩短，但高速费用却增加。在实际过程中，应综合分析，寻找最佳方案。一般情况下，时间短、费用低是合理运输应考虑的关键因素。

（三）合理运输的实现路径

1. 合理选择运输方式

企业应综合考虑各种运输方式的成本以及运行速度，同时结合商品的性质、数量、运距、额定吨位、温度要求、湿度要求，以及货主的轻重缓急和风险等因素，选择合适的运输工具。

2. 提高运输工具的实载率

空车行驶是一种不合理的运输形式。因调运不当、货源计划不周或未采用运输社会化导致的空驶现象，应尽量避免。为提高实载率，可开展配载运输，充分利用运输工具的额定能力，减少空驶和不满载行驶时间，力求实现运输合理化。

3. 合理配载运输

合理配载运输是指充分利用运输工具的载重量和容积，通常通过轻重商品的合理搭配来实现。在以重货物运输为主的情况下，可同时搭载一些体积小、重量轻的商品。在基本不增加运力和不减少重质货物运输的前提下，解决零散商品的搭运问题，其效果尤为显著。

4. 正确选择运输路线

一般情况下，应尽量安排直达、快速的点对点运输，通过减少中转、过载和换载来提高运输速度，节省装卸费用，降低中转货损。尽可能缩短运输时间，提高车辆容积率和车辆的里程利用率，从而节约运力。在市场营销中，应建立稳定的产销关系和运输系统，这有助于提高运输计划水平，大幅提升运输效率。

5. 改进配送中的商品包装方法

商品运输线路的长短和装卸次数的多少会直接影响商品的完好性。例如，在市场营销中，对于超市销售的红酒（酒瓶容易打碎）、蔬果（容易腐烂）或家用电器（需要轻拿轻放）等商品，合理选择包装材料可以提高商品包装质量，减少商品损失。同时，针对商品本身的特殊性，可进行适当的流通加工，从而有效解决运输合理化的问题。例如，轻泡商品可预先捆紧包装成规定尺寸，以提高装载量；水产品和肉类可预先冷冻，以提高车辆装载率并降低运输损耗。

6. 发展社会化运输体系

运输社会化是实现运输合理化的重要措施。运输社会化是指实行专业化分工，打破物流企业各自为政的局面，充分发挥运输的大生产优势。单个物流公司车辆自有、自我服务，难以形成规模，而且运量需求有限，难以调节，容易出现空载、迂回、倒流、运力不足等浪费现象。通过社会化统一安排运输工具，可以实现组织效益和规模效益。

✓ 五、市场营销物流模式的选择

市场营销物流模式的选择是一项战略决策，应从企业规模与盈利能力、企业的战略目标、物流成本、自身物流管理能力和第三方物流服务能力等方面综合考虑。

（一）企业规模和盈利能力

企业在进行物流模式选择时，首要考虑因素是企业规模与盈利能力，这是衡量企业实力的重要指标。规模较大、发展稳定且盈利能力强的企业可以考虑自行搭建物流平台。通过自营物流，企业能够更好地发挥自身资源优势，提升用户体验。对于规模较小、盈利能力较弱的企业，由于受到资源、人员和管理的限制，不建议盲目投资自营物流。与第三方物流合作是不错的选择，可以集中人力、物力、财力等资源于核心业务，提升自身综合竞争力。

（二）企业的战略目标

如果物流在企业战略中是核心子系统，且企业自身业务需要专业的配送团队，同时物流管理能力较强，可以选择自营物流，例如从事同城配送的生鲜农产品企业。如果企业的发展对物流业务的依赖程度较高，但物流管理能力不足，应优先考虑采用第三方物流模式。如果企业的核心业务对特定物流体系的需求不高，消费者更关注产品质量，对物流要求相对较低，企业可以选择优质的第三方物流。

（三）物流成本

物流成本是选择物流模式时必须考虑的重要指标。一般而言，自营物流的成本高于第三方物流的成本。在企业盈利稳定、规模足够大，能够支撑自营物流并实现盈利时，可以考虑选择自营物流。而如果自营物流成本远高于第三方物流，并且在短时间内难以收回成本实现盈利，则可以考虑先选择第三方物流。待企业竞争力增强后，再重新评估物流模式。此外，物流与仓储等成本相互影响、相互制约，例如库存量的减少可以降低仓储费用，但较高的缺货率可能导致物流成本增加。因此，应综合考虑企业的实际情况，选择合适的物流模式。

（四）自身物流管理能力和第三方物流服务能力

俗话说："创业难，守业更难。"企业要充分考虑自身的综合实力。即使拥有雄厚的资金建立自营物流，也需要考虑是否具备经营物流所需的软硬件设施、仓储技术、信息管理系统、供应链管理能力以及相应的物流人才。如果选择第三方物流，也要综合评估其服务能力和服务水平，能否满足企业自身的需求和顾客的要求。

课堂训练

选择 3 个你比较感兴趣的市场营销案例，了解该案例中企业选择物流的模式，重点分析企业在物流模式选择过程中考虑了哪些因素，以及为什么选择现有的物流模式。

案例 6-2

《物流大亨》是一款即时模拟经营类游戏，题材来源于现实生活中竞争激烈的物流运输行业，如图 6-1 所示。在该游戏中，玩家必须从竞争对手手中抢夺利润最高的合同，并确保公司能够在最危急、毫无征兆的灾难中存活下来。在经营过程中，可能会遇到不负责任的合同方、不景气的汽车市场、不合格的人员等多种情况，这些都需要玩家运用智慧来处理。此外，游戏中会出现各种情形，对周围地区的经济形势造成正面或负面影响。游戏可以进行以下操作。

（1）在车辆交易市场窗口，对比车辆的性能和价格，购买车辆。

（2）在劳动力交易市场窗口，雇佣司机、技师和经理等人员。

（3）在合同窗口，签署并查看相关合同信息。

（4）在公司办公室管理界面，进行办公室管理。

（5）在统计数据窗口，分析和总结各项物流业务的经营情况，还可向银行贷款或还款。

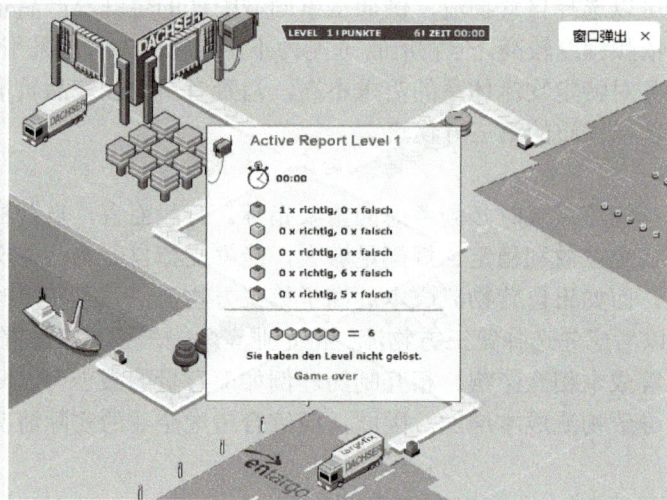

图 6-1 《物流大亨》游戏界面

任务二　仓储机制

案例 6-3

京东物流为什么那么快？六大要素创造"京东速度"！

京东物流的配送时效一次又一次刷新业内水平，主要得益于以下几点。

1. 分仓体系的建立

京东的自采模式不同于其他开放平台。其他平台只需将货物放在某一个仓库里发往全国即可，而京东自采的商品通常批量非常大。多仓运营正是为了解决商品规模化和品牌优势批量化的问题。通过多地备货，不仅可以降低缺货风险，还能大幅减少配送时间和配送成本。分仓体系成为电商履约体验的新标准，各大物流企业纷纷惊叹京东物流的远见和谋略，并开始追逐效仿。

2. 线上线下多渠道全供应链的建立

从 2013 年开始，在分仓体系的基础上，京东渠道下沉，目前拥有七大物流中心，并在 50 座城市运营 213 个大型仓库。即便是商家自建的销售平台，他们的货物也可以进入京东的物流系统。同时，京东还通过大数据挖掘帮助商家分析现有销量和数据，提出库存布局建议等。

3. C2B 定制化

这实际上是京东正在努力推进的部分，也是京东物流创新的重点。京东利用大数据进行信息挖掘，精准构建商品和用户画像，并预测用户的购买倾向。也就是说，在用户消费之前，京东已经将商品提前放置在附近的移动仓库和配送站点中。

4. 青龙系统

实际上，在每一个用户订单的处理背后，如何实现看似简单的发货与收货，隐藏着一套复杂的物流系统，京东称之为"青龙"。青龙系统的核心要素包括：仓库、分拣中心、配送站和配送员。

5. 智慧物流体系的建设

相关资料显示，目前京东是全球唯一一个拥有中小件、大件、冷藏冷冻仓配一体化物流设施的电商企业。在北京、上海、青岛等地，京东拥有 13 个"亚洲一号"仓库，并在全国范围内运营 405 个大型仓库，占地面积高达 900 万平方米。

6. 京东快递员

无论京东的产品价格如何，单凭快递员的服务就让京东品牌形象提升不少。相信很多消费者都有类似经历：京东快递员送快递时都会送到家门口，而其他快递公司通常只会送到县城的固定地点。

（来源：物联云仓）

一、仓储的基础知识

市场营销主要通过对消费者需求的调查，有针对性地开发性价比高的商品，以满足客户需求。市场营销包括产品开发、定价、销售、物流、促销及售后服务等多个环节。有形商品在交付过程中，除了需要利用高效的物流将商品安全送达消费者手中外，还需注意交付过程中涉及的商品存储和保管问题。

（一）仓储的定义

仓储是指利用仓库存放、储存物品，并根据需要交付使用的行为，是通过仓库对暂时不用的物品进行存储和保管的过程。我们可以从"仓"和"储"两个字的释义来理解。"仓"指的是仓库，即存放物品的建筑物或场地，可以是房屋建筑、大型容器或特定场地等，具有存放和保护物品的功能。"储"指的是存储、储备，表示收存以备使用，具有保管和交付的含义。

处于储存状态的物品即为库存。广义的库存包括处于制造加工状态和运输状态的物品。仓储的目的是实现对库存的合理管理。有两种基本类型的存货可以存储：一种是实物供应，即原材料、零部件；另一种是实物配送，即最终产品。在仓储中，半成品存货和物料可能被处理或循环利用，但它们在总存货中所占比例较小。仓储是每个物流系统不可或缺的部分，在物流管理中具有重要的地位和作用，是生产者和消费者之间的重要纽带，应以尽可能低的总成本提供满意的客户服务。

（二）仓储的作用

仓储是在商品生产出来之后、尚未到达消费者手中之前进行的商品保管过程。它可以在时间上协调原材料和产成品的供需，起到平衡、调节和缓冲的作用。作为物流体系中的一部分，仓储并非一个完全静态的过程，其作用体现在以下几个方面。

1. 降低运输成本，提高运输效率

对于供应物流而言，企业更倾向于向多个供应商分别小批量采购原材料并存放于仓库，然后将其拼箱整车运送至工厂。由于规模经济效应，运输费用率会随着运量的增加而降低，整车运输的费率低于零担运输的费率，从而降低运输成本并提高运输效率。对于销售物流而言，企业将各工厂的产品大批量运送到市场仓库，再根据客户需求小批量配送至市场或客户。这样，仓库不仅便于企业进行拼箱整运，还能帮助企业根据客户需求对产品进行分拣和整合。

2. 产品分拣和整合

考虑商品的颜色、大小和形状等因素，企业的一个产品线可能包含许多不同的产品。仓储可以配合组织生产，进行产品整合。企业根据客户要求，在仓库中根据商品流向和时间的不同，对产品进行配套、组合和打包，然后分别配载到不同的运输工具，送往各地用户。

3. 调节供需关系

生产和消费之间存在一定的时间和空间差异。也就是说，消费者并非现在需要，厂方就能马上生产出来；或者甲地的消费者需要，乙地的厂方也无法立即送达商品。存储可以提高商品的时间效用，调节生产与消费之间在时间上的矛盾。例如，超市需要从不同供应商处获取商品，各供应商分别送货会产生较高的运输成本。然而，如果由仓储企业整合装运，各供应商将超市所需的商品送到仓库，再由仓库将商品拼箱后进行统一装运，就能大大降低运输费用。

4. 流通加工

由于仓储中的物品处于静止状态，可以进行适当加工。企业可以将产品的部分加工工序从生产环节转移至流通环节。流通加工既不影响产品的流通速度，又能更好地满足顾客需求。

（三）仓储的种类

按照不同的仓储目的，可以分为经常储备、保险储备和季节储备。

1. 经常储备

经常储备主要是为了满足日常生产和销售需要而进行的储备。

2. 保险储备

保险储备主要是为了应对各种意外原因导致物资供应短缺而进行的储备。

3. 季节储备

季节储备主要是为了克服某些物资的季节性影响而进行的储备。

现代物流理念认为，物料的停滞是一种浪费，强调以时间换空间，通过加速物料的不间断流动来取代储存物料，以弥补可能发生的物料供应中断。零库存指的是以仓库储存形式存在的某种或某些物品的储存数量非常低，甚至可以达到零，即不保留库存。物品不以库存形式存在，可以免去仓库存货的一系列问题，例如仓库建设费用、管理费用、存货维护费用、保管费用、装卸费用、搬运费用，以及存货占用流动资金、库存物的老化、损失、变质等问题。

✅ 二、仓库的选址与布局

（一）仓库的选址

1. 仓库选址的原则

仓库选址的过程应同时遵循适应性原则、协调性原则、经济性原则和战略性原则。

（1）适应性原则

仓库选址必须与国家及省市的区域经济发展方针、政策相适应，与国家物流资源分布和需求分布相匹配，并与国民经济和社会发展相协调。

（2）协调性原则

仓库选址必须重点考虑国家的物流网络，使仓库的设施设备在地域分布、物流作业生产力、技术水平等方面保持协调。

（3）经济性原则

仓库选址需要综合考虑各方面费用，主要包括仓库的建设费用和运营后的经营费用两部分。仓库选址是在市区还是郊区，对未来物流辅助设施的建设规模、建设费用、物流运输费用等都会产生不同影响，应综合评估，以总成本最低为选择依据。

（4）战略性原则

仓库选址应具有全局性、长远性和科学性。局部利益应服从整体利益，眼前利益应服从长远利益。既要考虑当前的实际需求，又要顾及未来的长远发展。

2. 仓库选址的影响因素

仓库选址在空间布局时需要综合考虑自然环境因素、经营环境因素、基础设施状况以及其他因素等。

（1）自然环境因素

一是气象条件，包括湿度、温度、风力、降雨量、无霜期和日照等指标。二是地质条件，应符合建筑物的承载力要求。如果选址区域存在淤泥层、流沙层、松散土层等不良地质条件，可能导致受压地段出现沉陷、翻浆等严重后果。三是水文条件，应远离易泛滥的河川流域和地下水上溢的区域，避免选址在洪泛区、内涝区、废弃河道或干涸河滩等区域。

（2）经营环境因素

一是优惠政策。仓库选址所在区域的优惠物流产业政策对企业的经济效益有重要影响，数量充足且素质较高的劳动力条件也是重要考虑因素之一。二是物流费用。一般情况下，仓库应选择接近物流服务需求点，如接近大型工业区或商业区，以缩短运输距离、降低运费。三是商品性质。需综合考虑产业结构、产品结构、工业布局等因素。例如，若仓库主要服务的产品为原材料，则选址应接近原材料产地；否则，选址应接近消费市场。

（3）基础设施状况

一是交通条件。运输是物流的核心，运输成本是选址的重要因素。仓库一般应选择交通便利的地点，最好靠近交通枢纽，如港口、交通主干道枢纽、铁路编组站或机场等，并且有两种以上的运输方式相连接。二是公共设施状况。例如是否接近原材料供应地、消费市场、大型企业等，是否具备完善的道路运输网络，是否靠近货运枢纽。

（4）其他因素

一是法律法规因素。选址应在国家法律法规允许的范围内，符合国家关于物流、仓储设施标准、工人劳动条件以及环境保护等方面的要求。二是国土资源利用。选址应注意节约资源，充分利用国土资源，并兼顾区域与城市规划用地的要求。三是环境保护要求。选址时应考虑自然环境与人文环境等因素，尽量减少对居民生活的影响。四是周边状况，鉴于仓库属于火灾重点防护单位，选址时应避免位于易散发火源的区域，例如木材加工等工业设施附近。

（二）仓库的布局

1. 仓库的布局目标

（1）保护目标

仓库物品应防止损坏、防盗。对于易燃易爆、易氧化的物品或需温控的物品，应妥善安置；仓库人员须按章作业。

（2）效率目标

仓库空间应高效利用，仓库内的货架布局应合理，以减少人工成本和搬运成本。

（3）适度机械化

机械化有利于提高仓库作业水平和作业效率，但应同时兼顾投资回报率和设备损耗等问题。

2. 仓库的布局模式

（1）辐射型

辐射型仓库是指仓库位于多个客户的居中位置，产品从该中心向各个方向运送，形成辐射状。适用于客户相对集中的经济区域以及仓库作为主干运输线路中的一个转运站的情况，如图 6-2 所示。

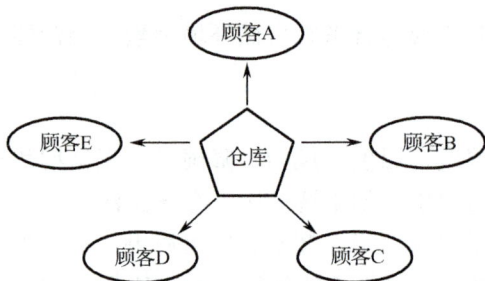

图 6-2　辐射型仓库

（2）吸收型

吸收型仓库是指仓库位于多个用户的某一居中位置，产品从各个产地运送，形成吸收状。它适用于集货中心，如图 6-3 所示。

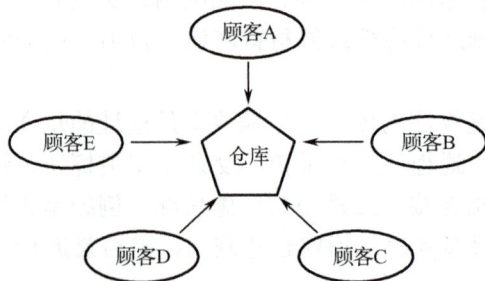

图 6-3　吸收型仓库

（3）聚集型

聚集型仓库是指在生产密集型的经济区域内，四周分布的不是用户，而是仓库，由各个仓库向该经济区域内的用户进行配送。它适用于经济区域内生产企业较为密集且无法设置多个仓库的情况，如图6-4所示。

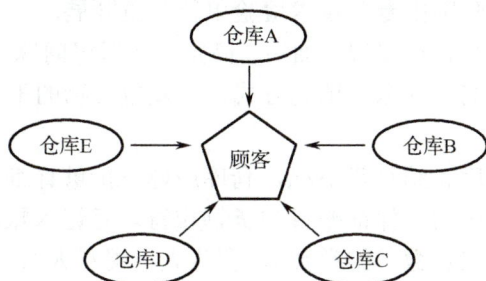

图 6-4　聚集型仓库

（4）扇形

扇形仓库是指产品从仓库向一个单一方向运输，形成单向辐射的形状。辐射方向与干线上的运输方向一致，适用于运输主干线上仓库距离较远且各仓库的合理运输区域存在重叠的情况，如图6-5所示。

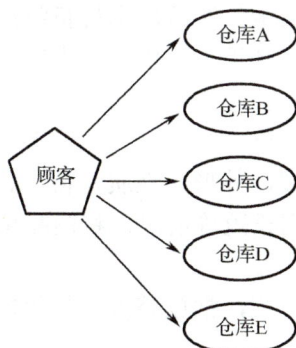

图 6-5　扇形仓库

✅ 三、仓储作业流程

（一）入库作业

入库的主要步骤如下。

1. 审核入库凭证

货物到达仓库后，首先核对入库凭证，对货物运输部门开具的入库清单进行检查。审核凭证是为了确保与入库货品相关的单证齐全、无差错、无短缺，这是实物入库验收的基础。主要包括入库通知单、订货合同副本、仓库接收商品凭证、供货单位提供的材料证明书、装箱单、磅码单、发货明细表等，以及货物承运单位提供的运单。若发现货物在入库前存在破损情况，需由承运部门提供货运记录或相关记录，作为向责任方交涉的依据。应对上述凭证进行整理并全面审核，入库通知单和订货合同需与供货单位提供的所有凭证逐一核对，确认无误后，方可进行下一步的实物入库验收。

2. 入库验收

货物入库验收的内容主要包括数量检验、质量检验和包装检验。

数量检验是指对毛重、净重、容积、面积、件数、体积、长度等进行测量和核对。

质量检验包括外观质量检验和内在质量检验。外观质量检测涉及外包装、规格、品种、外观等方面；内在质量检验则由专业技术检验单位负责开展。

包装检验检查包装是否存在浸湿、油污、破损、变形等问题，包装是否符合相关标准，包括材料、规格、制作工艺、标志、填充方式，以及包装物的干湿度等。

3. 记账登录

为登记货物出库、入库、结存等情况，仓库应建立能够详细反映货物仓储情况的明细账。仓库管理人员要经常核对，保证账目与货物相符。登记入账的主要内容包括：货物名称、规格、数量、件数、累计数（结存数）、存货人（提货人）、批次、金额、货位号或运输工具、经办人等。

同时，还应做好建档工作，将货物入库作业全过程的有关资料进行整理、核对，建立资料档案以便管理和查阅。建立档案要做到"一物一档、统一编号、妥善保管、专人负责"。这样既便于货物管理和顾客联系，万一发生争执时可作为有力凭证；又有助于积累和总结仓库管理经验，从而进一步提升仓储服务水平。

（二）在库作业

货物进入仓库保管时，需要安全、经济地保持货物原有的质量水平和使用价值，必须防止因不合理的保管措施引起货物磨损、变质、流失等现象。在库作业一般包括堆码、养护和盘点三个环节。

1. 堆码

商品堆码是指根据商品的包装、外形、性质、特点、种类和数量，结合地面条件、仓库高度、季节和气候以及存储时间长短等情况，将商品按一定规律码成各种形状的货垛。

（1）商品堆码的原则

分类存放，选择适当的搬运方式，摆放整齐，尽可能码高，货垛稳固，面向通道，不围堵、不遮挡。

（2）商品堆码的要求

商品的名称、规格、数量、质量在入库前已全部查清，商品已根据物流需要进行编码，商品外包装完好、整洁，标识清楚。对于部分已发生质变的不合格商品，要进行加工恢复或剔除。为便于机械化作业，准备堆码的商品须进行集装单元化处理。

（3）堆码场地的要求

关于库房内堆码场地：要求地面平坦、坚固、耐摩擦，并具有一定的承载力。

对于货棚内堆码场地：为防止雨雪渗漏和积水，场地四周必须配备良好的排水系统，如排水沟、排水管道等。

对于露天堆码场地：要求地坪坚实、平坦、干燥，无积水、无杂草，四周须配备良好的排水设施，并且场地必须高于周围地面。

（4）堆码操作的要求

牢固。操作人员必须严格遵守安全操作规程，防止堆垛超过安全负荷。堆垛需保持不偏不斜、不歪不倒，确保牢固坚实。

合理。不同品种、产地、批次、等级、单价的商品应分开堆码；不同商品根据其规格、性能、尺寸等特点，应采用不同的垛型。货垛要有合适的高度，不得压坏底层的商品和地坪，并与屋顶、照明灯保持一定距离。货垛的间距、走道的宽度以及货垛与梁柱之间应保持适当距离。

定量。应按照仓储的定额进行存储。同时，为方便计数和盘点，每行每层货物的数量尽量达到统一的整数。

整齐。货垛应按照一定规则和尺寸摆放。为便于查找，商品包装标识应统一向外。

方便。堆码前应充分考虑保管、检查、拆垛、分拣和发货等作业的便利性。

节约。本着节约空间的原则，合理安排货位，提高利用率。

2. 养护

商品养护是指对商品在仓库存储过程中进行的保养和维护。从广义上讲，商品在尚未从生产领域进入消费领域之前，这段时间的保养与维护工作均属商品养护。

（1）库存商品变化的几种情况

质量变化。主要包括三态变化、串味、渗漏、玷污、干裂等物理变化。例如，茶叶和化妆品共同存储会导致彼此吸收异味，失去使用价值；氧化、分解、锈蚀、风化、燃烧与爆炸、老化等化学变化；以及生理生化变化和生物学变化等。

价值变化。一方面存在呆滞损失。商品存放时间过长，虽然商品的使用价值未发生变化，但社会需求发生变化，导致商品使用效率降低，无法按原价值继续在社会上流通，形成长期积聚在储存领域的呆滞商品。这类商品最终需要进行降价处理或报废处理，所形成的损失即为呆滞损失。"呆"库存指暂时不用或永远没有机会使用的库存，例如废弃库存、被淘汰库存、过时库存等。"滞"库存指虽然有使用量，但使用量很少的库存，例如库存过多、积压库存、采购过量库存、额外库存等。另一方面，存在时间价值损失。商品存储时间越长，利息支付越多，即存储时间越长，资金的机会投资损失越大。

（2）库存商品的损耗

商品的自然损耗，主要包括商品的干燥、风化、黏结、散失、破碎等。

人为因素或自然灾害造成的损失，例如仓库管理员失职或保管不善导致的损失，以及地震、水灾、火灾等自然灾害造成的损失。此外，包装破损引起的漏损也属于此类。

装卸、搬运、中转、分库验收、过磅、上垛、入库等环节，都可能造成损耗。

3. 盘点

盘点是指为有效控制仓库货物的数量，并及时掌握货物在库中的质量情况，仓管人员需定期或不定期对货物进行清点和核查。通过盘点，可以发现作业和管理中存在的问题，并及时解决，从而提高管理水平，减少损失。

（1）盘点作业的目的

查清实际库存量。通过开展定期或不定期盘点，及时核实实际库存量与账面库存量，发现问题并查明原因，及时调整。

帮助企业计算资产损益，提供有力的数据依据，可参照货品盘点数量盈亏、价格增减更正表，如表6-1所示。

查明盈亏原因。通过盘点发现作业与管理中存在的问题，并通过解决问题改善作业流程和方式，提高企业的管理水平和工作人员的素质。

表6-1　货品盘点数量盈亏、价格增减更正表

货品编号	货品名称	单位	账面资料			盘点实存			数量盈亏				价格增减				差异因素	负责人	备注
									盘盈		盘亏		增价		减价				
			数量	单价	金额	数量	单价	金额	数量	金额	数量	金额	数量	金额	数量	金额			

（2）盘点作业的内容

查数量。清点库存货物的实际数量，核对库存账面记录与实际库存数量是否一致。

查质量。检查是否存在长期积压货物，库内货物是否出现质量变化或超过有效期（保质期），必要时，可进行技术检验。

查保管条件。检查保管条件是否符合各类货物的存储要求，例如堆码是否牢固、温度湿度是否适宜、各类计量设备是否准确等。

查安全。检查各类消防设施设备是否符合安全要求，是否具备足够且妥善的安全措施，建筑物和设备是否处于安全状态。

（3）盘点作业的基本步骤

盘点前的准备。明确盘点的具体方法和作业程序，配合财务部门做好准备工作，设计并打印盘点单，如表6-2所示，准备盘点所需的基本工作。

表6-2　（企业）盘点单

盘点单						
盘点日期：				编号：		
物品编号	物品名称	存放位置	盘点数量	复核数量	盘点人	复核人

确定盘点时间。根据不同商品的价值大小、特点、流通速度、重要程度等情况，分别确定不同的盘点时间，可以每年、每月、每周或每天盘点一次。

确定盘点方法。不同商品有不同的盘点要求，因此盘点方法也有所不同。为了准确、快速完成盘点，应根据实际需要选择适合的盘点方法。

组织盘点人员。盘点前必须明确参加盘点的人员以及各自的职责分工。如有必要，还需由各部门增派人员。此时可开展适当的培训，例如对所有参加人员进行盘点方法的培训，以及对复盘人员、监盘人员进行专门训练等。

清理盘点现场。即对仓库保管场所进行清理。一是必须明确商品的所有权。盘点前，尚未办理入库手续的商品和已办理出库手续的商品均不列入盘点范围；二是仓库应完成整理和整顿，以便盘点；三是在盘点过程中，应避免商品入库或出库，并提前通知相关需求

部门预先领取所需商品；四是为提高效率，盘点前应先鉴定废品和不良用品。五是单据等相关资料应整理好后再进行清点；六是为了做到心中有数，仓库管理员在盘点前应自行预盘。

开展盘点。盘点作业可以采用人工抄表计算，也可以使用电子盘点计数器。盘点工作可分为初点、复点和抽点三个阶段，应注意加强对盘点作业的指导与监督。

查明盘点差异原因。盘点结束后，如果发现盘点结果与账目不符，应及时追查原因：是否因记账员粗心大意导致商品数目错误；是否因账目管理制度不完善导致商品数目不符；是否因盘点制度存在缺陷导致货账不符；盘点数据结果与账簿资料的差异是否在允许误差范围内；盘点人员是否尽职尽责，是否存在漏盘、重盘或错盘等情况；是否可以通过改进措施预防盘点差异、降低差异率。

盘点结果的处理。盘点后的数据与之前记录的库存情况的差异主要表现为盘亏与盘盈两方面。盘亏的原因可能包括出库未记账、破损未记账、散装货计数误差（如小数点错误）或出库时拿错货等；盘盈的原因可能包括入库时货品少发、入库时多收货或出库时少发货等情况。应根据不同情况采取相应的处理措施。

（三）出库作业

出库作业是指仓库根据顾客订单和商品出库凭证涉及的商品名称、编号、型号、规格、数量等具体项目，组织商品出库的一系列工作的总称。商品出库意味着商品存储阶段的终止，因此出库作业是仓储的最后一个环节。出库作业的具体步骤如下。

1. 核对出库凭证

仓库管理员需核对提货单，确认无误后方可发货。除了确保出库商品的名称、规格和编号与提货单相符，还需在提货单上备注商品所在的货区和库位编号，以便快速找到所需物品。在实际工作中，仓库管理员必须杜绝仅凭口头、信誉或白条发货的行为，否则易引发差错事故甚至法律纠纷。

2. 配货出库

首先进行分拣备货。仓库工作人员根据出库凭证所列项目，到相应货位分拣商品。一般而言，大宗商品或整批商品可以直接在原货位上备货，无须分拣；而对于零散商品出库，尤其是不同品名、类型和规格的商品，需要分拣，即将这些商品从货位上分拣出来，再搬运到指定的理货区等待装车。其次，进行复核查对。复核内容主要包括：商品的名称、规格、型号、数量等是否与出库凭证一致；商品的外观质量和包装是否完好，是否便于装卸搬运；出库商品的配件是否齐全；出库商品所附证件和单据是否齐全。最后，根据商品的外形特点、重量和尺寸选择合适的包装材料，以便于装卸搬运。在填写相关出库单据并办理好出库手续后，方可放行。

3. 记账清点

商品出库管理中的清点交接工作主要包括：仓库作业人员与承运人员需当面清点商品。仓库作业人员应主动向承运人员交代重要商品、特殊商品的技术要求、使用方法及运输注意事项。清点交接完毕后，承运人员须在相关出库单上签名确认。同时，仓库作业人员应做好出库记录，并将其与盘点工作结合，以便于日后的仓库管理。

四、仓储管理合理化机制

（一）仓储管理合理化含义

仓储管理合理化是指在保证存储功能实现的前提下，采用各种有效措施以实现商品存储的经济性。

可以从质量标志、数量标志、时间标志、分布标志和费用标志五个维度来判断，即在保证功能实现的前提下，寻求合理的数量范围、合理的仓储时间，并确保仓储物的质量。质量标志是指从被储物的不同品种、不同规格、不同花色的仓储数量比例关系对仓储合理性进行判断；分布标志是指为判断当地需求比例和对需求的保障程度，分析不同地区仓储数量比例关系和分布是否合理；费用标志是指从仓租费、维护费、保管费、损失费、资金占用利息支出等方面判断仓储是否合理。

（二）ABC 分类管理机制

ABC 分类法（Activity-Based Classification），全称 ABC 分类库存控制法，又称帕累托分析法。它是一种根据事物在技术或经济方面的主要特征进行分类排序，分清重点和一般，从而区别确定管理方式的分析方法。由于它将被分析的对象分为 A、B、C 三类，因此又称 ABC 分析法。

1. 仓库商品 ABC 分类原理

在库存管理中，这一法则的运用可以显著提高工作效率和效益。仓库保管的商品品种繁多，有些商品价值较高或对保管的要求较高，而多数被保管的商品价值较低，保管要求也不高。如果对每种商品都采用相同的保管方法，可能导致人力和资金投入过多且事倍功半。为了在仓库管理中突出重点，做到事半功倍，可采用 ABC 分类法。

80/20 原则是 ABC 分类法的基础，即 20%的因素带来 80%的结果，关键因素占少数。当然，这里所指的 20%并非绝对，可以适当上下浮动。在资源有限的情况下，注意力应放在起关键作用的因素上。对库存商品进行分类，找出占用大量资金的少数库存商品，并加强对它们的控制与管理；而对那些占用少量资金的大多数商品，则实行相对简单的管理和控制。

一般而言，价值比例为 60%～80%、数量比例为 5%～15%的商品列为 A 类；价值比例为 5%～15%、数量比例为 60%～80%的商品列为 C 类；A 类和 C 类之间的商品列为 B 类，如表 6-3 所示。

表 6-3　仓库商品 ABC 分类标准

类　　别	价 值 比 例	数量（品项）比例
A（特别重要）	60%～80%	5%～15%
B（一般重要）	20%～30%	20%～30%
C（不太重要）	5%～15%	60%～80%

2. 仓库商品 ABC 分类步骤

（1）搜集过去半年至一年相关商品存储资料，包括各类商品的库存量、出库量、结存量和商品价值。

（2）汇总各库存商品的价值，按从大到小的顺序排序，并制作表格。

（3）计算每种库存商品金额占库存总金额的比例。

（4）汇总各库存商品的累计百分比。

（5）根据分类标准进行 ABC 分类。

以某超市库存商品为例，假设该超市一直保持 10 种商品库存，如表 6-4 所示。

表 6-4　某超市库存商品资料

商 品 编 号	单价（元）	库存量（件）
1	5	350
2	9	1100
3	2	310
4	3	150
5	2	290
6	3	160
7	7	60
8	3	750
9	6	60
10	4	2500

该超市仓库 ABC 分类结果如表 6-5 所示。可见，A 类商品有 10 号和 2 号，数量（品类）比例为 20%，累计价值比例为 74.23%；C 类商品有 5 号、6 号、4 号、7 号和 9 号，数量（品类）比例为 60%，累计价值比例为 8.54%；B 类商品有 8 号、1 号和 3 号，数量（品类）比例为 20%，累计价值比例为 17.23%。

表 6-5　某超市仓库 ABC 分类结果

商 品 编 号	单价（元）	库存量（件）	价值汇总（元）	价值百分比	累计百分比	类　别
10	4	2500	10000	37.30%	37.30%	A
2	9	1100	99000	36.93%	74.23%	A
8	3	750	2250	8.39%	82.62%	B
1	5	350	1750	6.53%	89.15%	B
3	2	310	620	2.31%	91.46%	B
5	2	290	580	2.16%	93.62%	C
6	3	160	480	1.79%	95.41%	C
4	3	150	450	1.68%	97.09%	C
7	7	60	420	1.57%	98.66%	C
9	6	60	360	1.34%	100%	C
汇总（元）			26810			

3．ABC 分类管理策略

不同类别的商品重要程度不同，因此企业需要对库存物资实施分类管理策略，如表 6-6 所示。

表 6-6　ABC 分类管理策略

类　　别	管 理 策 略	订货方式
A	加强控制，增加盘点次数，提高库存量的精确掌握；尽量减少出库量的波动，使仓库的安全储备量降低；必须确保交货期不拖延；存放在便于进出的地方，包装尽量标准化；制定紧密的跟踪措施，保证在库时间最短	定期订货 定期调整
B	正常控制，按照经营方针控制在正常水平，采用比 A 类商品相对简单的管理方法。如果需要降低库存，就减少订货量和库存，只有在紧急情况下才给予较高的优先级	定量订货
C	为防止缺货，可以适当增加安全库存减少订货次数以降低费用，同时减少货物的盘点次数。如果是可以快速订货的商品，可以考虑不设置库存，采用集中、大批量订货的方式，这样无须投入过多精力，并给予最低的优先作业次序	大量订货

课堂训练

对自己熟悉的小卖铺（如校园超市）仓储情况进行调查，重点了解仓储服务质量、配送服务质量等情况，完成表 6-7，并思考良好的仓储服务对企业市场营销的作用。

（1）仓储服务质量由收货及时率、发货及时率、库存准确率和库存损耗率等几个指标构成，其中库存损耗率越低越好，其他指标越高越好。

（2）配送服务质量由妥投率、配送及时率、遗失率、破损率和消费者投诉率等几个指标构成，其中妥投率和配送及时率越高越好，其他指标越低越好。

表 6-7　仓储和配送服务质量评价表

一级指标	二级指标	具 体 要 求	评 价 结 果
仓储服务质量	收货及时率	（约定时间内实际收货的商品数量÷实际到货的商品数量）×100%	
	发货及时率	（约定时间内及时发货订单量÷总订单数量）×100%	
	库存准确率	（1-账实不符的商品量÷库存总商品量）×100%	
	库存损耗率	（商品损耗量÷库存总商品量）×100%	
配送服务质量	妥投率	（成功配送订单量÷配送总订单量）×100%	
	配送及时率	（约定时间内成功配送订单量÷配送总订单量）×100%	
	遗失率	（遗失订单量÷配送总订单量）×100%	
	破损率	（破损订单量÷配送总订单量）×100%	
	消费者投诉率	（有效投诉订单量÷配送总订单量）×100%	

（三）仓储管理合理化机制

1．实行 ABC 分类管理

通过对库存商品进行 ABC 分类，企业可以针对不同类别的商品采取相应的管理策略，从而实现仓储管理的合理化。

2. 适度集中库存

如果仓储过于分散，存储点与用户之间的距离过长，那么即使存储总量减少，随着运输距离拉长，费用也会增加。在途时间过长也会导致周转储备增加。但是，如果存储过于集中，每个点的存储对象有限，相互之间难以调度。因此，适度集中库存是在这两方面取最优集中程度，可以利用存储规模优势，以适度集中存储代替分散的小规模存储。

3. 加快总周转

将静态储存转变为动态储存，周转速度加快能够带来资金周转加速、资本效益提升、成本降低、仓库吞吐能力增强以及货损减少等效果。

4. 采取有效的"先进先出"方法

按照入库日期，先入库的商品先出库，出库时优先处理先入库的商品，即"先进先出"。"先进先出"方法能够有效保证每件商品的存储时间不至于过长，避免某些商品超过保质期，是仓储管理的重要准则之一。

5. 提高仓库容积利用率

可以采用高垛方法，大幅提高仓库内空间利用率；适当缩小仓库内通道宽度以增加存储有效面积，但要注意通道宽度足以支持相关运输设备的正常运行；适当减少仓库内通道数量以增加存储有效面积，但要确保通道的路线设计方便进出，并且科学合理。

6. 采用有效的储存定位系统

储存定位是指每一项商品都有固定的储位，拣货人员能够熟悉货品货位，从而方便存取。货品的货位可根据周转率或出货频率安排，以缩短出入库搬运距离。可根据各种货品的特性安排货位，将不同货品特性之间的相互影响减至最小。有效的储存定位系统能够显著节约寻找、存放、取出的时间，节约大量劳动力，同时还能防止差错，提高作业效率，减少搬运次数。

7. 采用有效的监测清点方式

监测清点方式主要包括"五五化"堆码、光电识别系统和电子计算机监控系统。"五五化"堆码是指货物堆垛时以"五"为基本计数单位，堆成五的倍数，以加快人工点数速度并减少差错；光电识别系统是在货位上设置光电识别装置，可对商品进行扫描，无须人工清点，且数目准确、自动显示；电子计算机监控系统是指使用电子计算机进行存取指示，在商品上采用条形码识别技术，每存取一件商品时都能被识别装置自动识别并输入计算机，这样只需通过计算机查询物品情况即可。

任务三　利用新媒体获客

在市场营销中，物流企业通过抖音等短视频平台提升业绩，需要结合行业特点、目标用户需求以及抖音的流量机制，制定差异化的内容策略和运营方案。本任务以抖音账号为例，重点介绍物流企业在市场营销中围绕"内容重构、场景融合、数据驱动"三大核心，结合用户需求升级及物流行业智能化趋势，构建从流量获取到价值转化的全链路策略。

⊘ 一、内容重构

在当前激烈的市场竞争环境下，物流行业企业面临前所未有的挑战。为了在众多竞争者中脱颖而出，创新与突破变得至关重要。企业必须从传统的专业性内容转向更加贴近用户情感需求的共情内容，以重构其内容策略。

1. 技术可视化

在当前时代背景下，技术可视化已成为展示物流行业硬实力的重要途径。通过周密的营销策划，可以将物流行业的先进技术和高效运作以客观、精准的方式呈现给公众。

（1）"物流黑科技"主题

设想一个高科技的仓库环境，其中分拣机器人、智能物流系统和冷链运输等技术正在高效运作。通过制作"智能分拣中心24小时运转实录"，利用特写镜头捕捉机器人分拣的精准动作，例如"1小时处理10万件包裹"。结合"物流黑科技"主题，凸显这些技术的可靠性，向观众展示科技带来的效率与力量。

（2）"低空经济"热点主题

在山区等传统物流难以覆盖的地区，无人机配送技术的应用为物流配送提供了新的解决方案。通过发布"山区无人机配送"全程记录，可以展示无人机如何在复杂地形中准确完成配送任务。这些记录不仅体现了无人机配送的时效性，还强调了其在履行社会责任方面的重要性。结合当前"低空经济"政策热点，突出无人机配送在提高配送效率、降低物流成本方面的潜力，以及其在促进偏远地区经济发展中的积极作用。

（3）"绿色物流"环保主题

物流行业在追求效率的同时，也致力于实现环保目标。例如，通过制作"氢能源车队环保行动"系列视频，可以展示新能源车辆在运输过程中的环保效益。视频中，车队在道路上平稳运行，同时展示"单趟运输减少碳排放5公斤"等数据对比，直观反映氢能源车队在降低环境影响方面的成效。这些内容旨在提升公众对绿色物流的认识，并传达企业对可持续发展的承诺。

2. 构建人格化IP矩阵

构建人格化IP矩阵有助于企业有效建立情感联系，并开展一系列富有创意和吸引力的营销活动。通过这种方法，企业能够提升品牌亲和力，在消费者心中树立独特的品牌形象，从而在竞争激烈的市场中脱颖而出。

（1）快递员IP的构建

例如，以企业的快递人员为原型，创建一个以"80后快递小哥"为形象的社交媒体账号，通过记录派件过程中发生的各种暖心故事，如"帮助独居老人维修家电""风雪天送货"等，以真实人物的形象拉近与用户的距离，传递企业的温暖和关怀。这些故事能够引发共鸣，让消费者感受到品牌的人性化关怀，从而增强对品牌的忠诚和好感。

（2）行业专家IP的打造

建议邀请物流行业的专家，如物流总监，以他们的专业视角解答客户在物流过程中遇到的各种问题和痛点，从而吸引B端企业的关注。例如，通过解读"跨境物流合规要点""冷链物流温控标准"等专业话题，展示企业的专业性和行业领导地位。这种策略能够提升企业在行业内的权威性，为品牌赢得更多信任和尊重。

（3）创始人 IP 的塑造

建议企业创始人亲自出镜，分享他们的创业故事和经历，例如"从 10m² 的小店到全球网络的扩展"。通过这些故事传递品牌的价值观和理念，从而增强客户对品牌的信任感和忠诚度。创始人作为品牌的灵魂人物，其个人魅力和经历能够为品牌增添独特的色彩，使消费者在情感上与品牌产生共鸣，从而加深对品牌的记忆和认同。

3. 促进用户参与

通过精心设计的互动型内容，可以有效提升用户的参与度，从而增强用户对品牌的忠诚度和活跃度。

（1）竞赛活动

举办"纸箱改造大赛"等活动，鼓励用户将废弃包装盒进行创意改造，实现废物利用。获胜者将获得"免费寄件券"或"VIP 客服通道"等奖励，以突出用户参与的重要性。

（2）知识问答

定期举行"物流知识知多少"竞答活动，设置与物流相关的题目，鼓励用户参与并测试其知识水平。答对问题的用户将有机会参与抽奖并赢取奖品。此类活动旨在提升用户对物流知识的了解，并通过游戏化的方式增强用户的参与感和互动性。

案例 6-4

物流企业玩起抖音、快手、小红书、视频号

运联智库资料显示，来自广州某物流科技公司董事长在 8 月初的 2023（第十二届）运联峰会上的分享中透露，该物流公司仓配业务中有 70% 的客户来自网络渠道。除了传统的百度、58 同城等推广平台，还有抖音，如图 6-6 所示。

图 6-6 广州某物流公司抖音账号

数字营销时代，人们获取信息和交流的方式、消费需求和决策场景都发生了巨大的变化。很多物流行业的从业者和需求方也更加依赖新媒体来获取产品和服务信息。因此，在激烈的市场竞争中，企业需要寻求新的方式来拓展客户。很多物流公司也利用抖音、短视频、视频号等新媒体方式来触达潜在客户，通过丰富多样的新媒体展示形式和互动体验，帮助企业在市场竞争中展示优势、提升品牌形象和提高竞争力。

✅ 二、场景融合

深度融合策略，旨在构建一个从商品兴趣激发到交易完成的全方位闭环体系。

1. 开设官方抖音店铺

例如，某家公司在官方抖音店铺中销售气泡膜、纸箱等包装材料，并提供物流保险等增值服务。为吸引新客户并促进初始客户积累，可以推出"首单1元寄件"活动，即新客户首次下单可享受1元寄送全国范围内的优惠。此外，为培养用户定期关注的习惯，可以策划"周末半价日"活动，在每周六的特定时段提供寄件服务半价优惠，从而鼓励用户在周末积极参与并关注企业的物流服务。

2. 直播带货

（1）精准人设定位

在直播带货领域，可以尝试打造打破行业刻板印象的反套路人设定位，例如"老板亲自出镜（接地气）+专业客服解答细节"，或者"物流老板道破行业真相：这样寄件立省50%"。这种创新的人设定位不仅能够吸引观众的注意力，还能提升品牌的亲和力和信任度。

（2）抓痛点选题

针对不同类型的消费者，可以策划不同的选题方向。对于价格敏感型消费者，可提供"价格对比"类选题，比如"从广州到北京寄20公斤水果，哪家快递又快又省？"；对于好奇围观型消费者，可提供"行业揭秘"类选题，例如"快递小哥最怕你问的问题"；对于学生群体和搬家人群，可提出场景化解决方案，如"毕业行李多又重？只需一招就能省下300元。"这些选题基于深入的市场调研和消费者洞察，旨在解决消费者的真实需求和痛点。

（3）预热引流造势

为了吸引更多观众，可以提前告知消费者即将进行的直播主题，如"智慧物流解决方案""大促物流保障揭秘""绿色物流实践"等。这些主题不仅突出行业趋势、优惠政策、新技术展示等干货内容，还通过预告优惠券、抽奖等活动增加观众的期待感和参与度。我们的目标是通过这些精心策划的预热活动，为直播带货营造热烈氛围。

（4）开场黄金话术

直播开场的黄金话术至关重要，它能够迅速吸引用户的关注。以下是一些开场黄金话术的实例。

"今天福利大爆炸！不聊虚的，只送干货！"

"王炸1：点赞达到1000，立即抽取3人免单寄全国。"

"王炸2：下单前30名送定制抗震泡沫箱。"

"王炸3：连麦回答问题立减5元。"

"新朋友点关注还能领取首单免费。"

通过这些充满激情和诱惑力的开场白，我们旨在激发观众的参与热情，让他们感受到直播带货的活力和乐趣，从而提高转化率和用户黏性。

（5）设置互动环节

通过问答、抽奖、评论区留言互动等方式，增强观众的参与度。例如，提出与物流相关的问题，鼓励观众在评论区回答，正确回答者将有机会获得优惠券或小礼品作为奖励。

（6）直播后复盘

首先，进行二次传播。精选直播过程中的亮点，制作并发布"直播战报"，例如："直播间 487 人下单，累计节省 10856 元运费！"随后，深入分析直播数据，包括观看人数、观众平均停留时长、互动率、新增粉丝数和下单转化率等关键指标，以精准掌握观众的行为模式和偏好。根据这些数据，识别直播过程中的问题和不足之处，为后续直播活动的优化提供科学依据。

三、数据驱动

数据驱动，从内容优化到客户运营，意味着企业需依据翔实的数据分析指导内容的创作与改进，并以此为基础进一步优化客户运营策略。

1. 内容分析

在当今信息爆炸的时代，视频内容的创作和传播变得尤为重要。为了更好地理解什么样的视频内容能够吸引观众，可以采取拆解爆款视频并进行内容分析的方法。通过细致分析那些播放量极高的视频，挖掘出它们背后的共同特点和成功要素。例如，一些关于"寄件省钱妙招""我的包裹经历了什么"，以及"你遇到过最奇葩的快递经历是什么"等主题的视频，其播放量往往远超其他类型的视频。这些视频之所以能够获得如此高的关注度，可能是因为它们触及观众的切身利益，或提供了与众不同的视角和新鲜的体验。因此，创作更多能够引起观众共鸣和兴趣的视频，可以进一步提升观众的参与度。

2. 用户画像

通过精心勾勒用户画像，实现精准投放广告。利用巨量引擎后台的强大分析功能，可以深入挖掘观众的年龄分布、地域偏好以及兴趣标签等关键信息。例如，在进行市场分析时，某企业发现 30～45 岁的企业主群体在其观众中占比高达 45%。基于这一发现，该企业决定增加针对该用户群体的投放比例，以确保广告内容更有效地触及这一重要目标群体。

3. 精细管理用户群

为了实现更高效的用户管理，可以采取分层运营策略，对用户群体进行精细化管理。建立专门的抖音粉丝群，通过这一平台定期发布物流行业的最新动态和优惠活动信息，并鼓励用户分享他们的物流故事，从而有效提升用户的参与度和黏性。例如，为了更好地满足不同用户的需求，可将用户分为三个等级：新粉、铁粉和钻粉。针对新粉，推出首单免费的优惠政策，以吸引他们成为忠实用户；对于铁粉，提供更多实用的物流小贴士和优惠信息，以增强他们的忠诚度；对于钻粉，推出专属的 VIP 套餐，包括优先服务、定制优惠等，以回馈用户对企业的长期支持和信任。通过这种精细化的用户管理，可以更好地维护用户关系，提升用户满意度，在竞争激烈的市场中保持优势。

项目七

品牌塑造升级的竞争策略

学习指南

工作任务	运用最优的品牌传播及竞争策略	教学模式	讲授法
建议学时	6 学时	教学地点	多媒体教室
学习目标	知识目标	1. 了解和掌握品牌及其竞争策略的概念和功能 2. 了解品牌的分类 3. 掌握建立品牌传播及其竞争的策略 4. 了解品牌创新的内涵和原则 5. 掌握品牌创新的策略	
	能力目标	1. 具备品牌及竞争的基本知识 2. 具备品牌传播策略选择和实施的能力 3. 具备品牌竞争策划实施的能力 4. 具备品牌创新及管理的能力	
	素质目标	1. 具备品牌意识 2. 具备团队协作能力 3. 具备品牌感知及调研的能力 4. 具备品牌传播及品牌实施评价能力 5. 具备爱岗敬业的职业道德和严谨、务实的作风	
关键词	品牌竞争；品牌传播；品牌创新		

思维导图

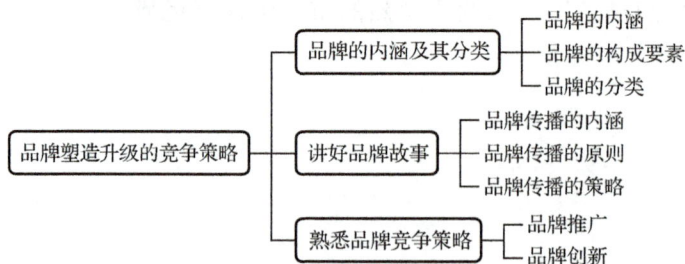

市营文化

晚明时期，大量知识分子和上层社会人士追求生活的奢靡，名牌随之出现。比如时大彬的紫砂、江千里的螺钿、黄应光的版刻、方于鲁的制墨、陆子冈的治玉、张鸣岐的手炉等。这些手工业品都署有个人名款，充斥整个市场。据统计，署有"张鸣岐"款的手炉，大约有 4 万件存世。一个人不可能制造出这么多手炉！这只能说明他的名字已经成为一个品牌。

任务一　品牌的内涵及其分类

案例 7-1

瑞幸咖啡——中国连锁咖啡品牌

瑞幸咖啡（英文名：Luckin Coffee，简称"瑞幸"），成立于 2017 年，是一家中国咖啡连锁品牌，总部位于厦门。公司定位为新零售专业咖啡运营商，致力于推动咖啡消费在国内的普及和发展。主要产品包括拿铁（如生椰拿铁、厚乳拿铁、酱香拿铁）、瑞纳冰、美式咖啡等咖啡制品，以及茶饮产品"小鹿茶"系列。瑞幸咖啡最早注册的公司名为"瑞吉咖啡"［Lucky Coffee，公司全称"瑞吉咖啡（中国）有限公司"］，后更名为"瑞幸咖啡（香港）有限公司"，成为多家瑞幸咖啡公司的股东。创始人之一钱治亚表示，之所以选择"Luckin"作为英文名，是因为联想到以前乐凯胶卷的英文名"Lucky"，于是稍作改动。

2017 年 10 月底，瑞幸咖啡的实验性门店在北京银河 SOHO 开业。此后，瑞幸咖啡迅速扩张，凭借快速开店、大幅价格补贴、明星代言等高调宣传推广活动，开始出现在各大城市的核心区域。2019 年 5 月，瑞幸咖啡在纳斯达克成功上市；同年年底，其直营门店数量达到 4507 家。瑞幸咖啡曾登上胡润中国 500 强民营企业榜单，获得 2021 年金字招牌"连锁咖啡"品类第一名等荣誉称号。截至 2023 年，瑞幸咖啡已连续五年获得意大利国际咖啡品鉴者协会（IIAC）金奖，"SOE 耶加雪菲"两度摘得铂金奖。

瑞幸咖啡以"让每一个顾客轻松享受一杯喝得到、喝得值的好咖啡"为使命，致力于为消费者提供高品质、高性价比的咖啡产品。其品牌内涵不仅体现在产品的品质上，还包括便捷的购买方式、时尚的店铺环境以及创新的营销活动。例如，瑞幸咖啡通过与国际知名咖啡豆供应商合作，确保咖啡豆的品质；同时推出便捷的线上点单和外送服务，以满足消费者在不同场景下的需求。

从品牌知名度和市场覆盖范围来看，瑞幸咖啡在中国咖啡市场中已经具有较高的知名度和广泛的市场覆盖。它通过快速扩张门店数量以及与各大写字楼、商圈的合作，提高了品牌的曝光度和可及性。从品牌使用者的角度来看，瑞幸咖啡主要面向年轻一代的消费者，包括上班族、学生等。这些消费者对咖啡的品质和时尚感有较高要求，同时也注重消费的便捷性和性价比。

（资料来源：中国新闻网）

思考：

1. 瑞幸咖啡品牌的内涵是什么？

2. 结合案例谈谈品牌的构成要素有哪些。

　　品牌是市场经济发展过程中一种普遍且重要的经济现象，也是品牌营销学中最核心的范畴。弄清品牌及其与相关基本概念之间的关系，是学习品牌营销相关知识的基础。

一、品牌的内涵

　　一直以来，国内外许多学者从不同角度对品牌进行了界定，并深刻揭示品牌的内涵。著名营销专家菲利普·科特勒（Philip Kotler）将品牌定义为一种名称、术语、标记、符号或设计，或它们的组合运用，其目的是用以识别某个销售者或某群销售者的产品或服务，并使之与竞争对手的产品和服务区别开来。

　　综合众多观点，本书将品牌定义为：品牌是品牌主（以企业为主）用来使自身产品或服务与竞争者产品或服务区分开来的各种符号的集合。它既是与品牌相关的各种经营管理活动的成果，也是社会对这些活动评价的结果。与其他类型的组织相比，品牌对于具有企业性质的组织而言意义更为重大，因此本书主要以企业为研究对象。从概念上来说，品牌的内涵如下。

1. 符号集

　　品牌是品牌主用来使自己的产品和服务与竞争者的产品和服务区分开来的符号集合，这是品牌最基本的功能。任何品牌都需要一组标识自身个性的特殊符号，以与其他竞争者的产品和服务区别开来。众多品牌如海尔、长虹等名称，以及苹果被咬掉一部分的苹果图案、奔驰的飞驰车轮等标志（Logo），长期以来给购买者带来最直观的视觉冲击，已经潜移默化地成为这些品牌产品密不可分的组成部分。一个成功的符号能够强化消费者的认同感，给消费者留下美好而深刻的印象，从而为品牌的成功奠定良好的基础。

2. 组织文化的公开展示

　　品牌是组织经营管理活动的结果，是组织文化的公开展示。品牌代表组织给予消费者在品质、服务、价格和便利性等方面的承诺和保证，这些承诺体现在组织日常经营管理中所进行的具体活动之中。购买某品牌的产品时，也是在购买卓越品质、优质服务和良好信誉的综合象征。企业唯有通过文化环境才能真正将每一位员工凝聚在一起，实现对消费者的承诺。

3. 附加价值

　　品牌是一种无形资产和资源，能够提高产品或服务的附加价值。对于组织，尤其是企业来说，品牌是其最具价值的无形资产之一。可口可乐总裁曾假设：如果发生不测，公司全部有形资产化为灰烬，仅凭"可口可乐"品牌，公司就能够东山再起。原因在于可口可乐的品牌价值远远超过其有形资产的总价值。然而，品牌的附加价值并非由企业单方面决定，而是由社会（主要是消费者）对企业品牌的评价决定附加价值的高低。

✔ 二、品牌的构成要素

（一）显性要素

显性要素是品牌外在的、可见的，能够给消费者感官带来直接刺激的那些元素，如为产品设计的各式各样的包装。

1. 品牌名称

品牌名称是形成品牌的第一步，也是建立品牌的基础。品牌名称即文字标识，在品牌体系中起提纲挈领的作用，是品牌传播和消费者记忆品牌的主要依据之一。它是产品同质性和一贯性的保证，是象征货真价实的标志，同时也是品牌内容的概括和体现。品牌名称不仅概括了产品特性，还体现了企业的经营理念与文化。

2. 视觉标识

视觉标识是品牌用于激发视觉感知的一系列识别物，能够给人更直观、更具体的形象记忆，帮助消费者有效识别品牌及其产品。视觉标识包括标识物、标识字、标识色和标识包装。标识物是品牌中可以被识别但不是用文字表达的各式图形符号。标识字是品牌中标注的文字部分，通常包括名称、口号及广告语等。标识色是用于体现品牌个性并区别于其他产品或服务的色彩体系。标识包装是展现产品个性的具体包装形式。

（二）隐性要素

隐性要素是品牌的内在因素，无法被直接感知，存在于品牌的整个形成过程中，是品牌的核心部分。

1. 品牌承诺

承诺方是品牌的拥有者，接受方则是消费者。对于消费者而言，品牌是一种保证，使他们在购买品牌时充满信心。产品本身不可能永远保持不变，许多优秀的品牌产品都会随着消费者需求的变化和科技的进步不断更新，但仍然受到消费者的喜爱。这正是企业经营者注入产品中的承诺。一家企业是否拥有先进的技术、是否对产品质量和服务质量有严格要求、是否重视生态环境保护、是否具有社会责任感，这些经营理念在很大程度上决定了消费者对品牌的情感认同。

2. 品牌个性

如果品牌缺乏独特的个性，它就无法成为真正的品牌。个性是强势品牌必须具备的条件之一。品牌个性能够转化为目标顾客群体心目中区别该品牌与其他品牌的一种认知。企业创造了品牌的个性，而这种个性所带来的相关暗示能够满足不同人群的需求，从而更好地建立品牌和消费者之间的良好关系。因此，制定品牌营销战略的重要目标之一是确认、发展、维护和强化品牌所具有的个性。

3. 品牌体验

体验营销的提出者伯德·施密特（Bernd H. Schmitt）认为，消费者在消费时是理性和感性兼具的。他们在消费过程中经常进行理性选择，但有时也会追求幻想、情感和欢乐。消费者是品牌的最终拥有者，品牌是消费者经验的总和。在品牌的整个成长过程中，消费者始终扮演着"把关人"的角色。他们对品牌的肯定、满意、信任等正面情感归属，能够使品牌经久不衰；相反，他们对品牌的否定、厌恶、怀疑等负面感知，必然会使品牌受挫甚至夭折。假如某消费者在某连锁快餐店用餐时，发现汉堡包中的蔬菜夹有一条菜虫，而事后又得到店家不诚实的回应，那么该消费者就会对该品牌失去信任，感到厌恶。因此，企业应当认真对待每一位消费者的体验。

三、品牌的分类

研究品牌分类的目的在于指导企业认清自身品牌的类别，进而实施有效的品牌管理。

（一）大众品牌与贵族品牌

根据品牌产品使用对象的不同，品牌可分为大众品牌与贵族品牌。

1. 大众品牌

大众品牌是指品牌产品面向所有大众或普通收入水平消费者的品牌。大众品牌分为两类：

一类是面向所有消费者的品牌，如洗衣粉、牙膏、口香糖、矿泉水、可乐等。这类品牌产品的基本特征是满足消费者的实用性和共通性的需求，例如健康与基本生活需求等。在与顾客沟通方面，这类品牌较注重功能性宣传，如洗得干净、防菌防蛀、口感清新等。

另一类大众品牌是面向产品中最大的消费群体作为目标市场顾客的品牌，如美国的福特汽车品牌、德国的大众汽车品牌等。这类品牌通过提供性价比高的产品来满足消费者的购车需求。一般来说，这类品牌定价合理，实用价值高，功能性指标完全达到甚至超过消费者预期。因此，大众品牌并不是低档次的代名词，它只是强调面向大众。质量上乘、服务周到、购买方便、不断创新的大众品牌完全能够成为知名品牌。因此，高价并不是品牌的特性。

2. 贵族品牌

贵族品牌又称奢侈品品牌。奢侈品是市场上价格与质量关系比值较高的产品，是一个高边际收益的行业。大多数奢侈品的内在特征需要消费者看见，而品牌标识则将这些特征外化。一些奢侈品增添了创意、灵感和美的元素，丰富了艺术表现形式，同时也要求购买者具备较强的支付能力和鉴赏能力。

3. 区别大众品牌与贵族品牌的意义

区别大众品牌与贵族品牌的目的是提醒企业明确自身定位，是创立大众品牌还是打造贵族品牌，因为这两类品牌截然不同。任何试图跨越两者界限的举动都需要格外谨慎。例如，福特汽车公司确信"福特"（Ford）品牌无法在奢侈汽车市场上获得消费者认可。为了进入这一极具吸引力的市场，福特公司于1990年斥资25亿美元收购"捷豹"（Jaguar）品牌，并额外投入20亿美元用于改造和提升产品的生产技术与质量。表面上看，该公司付出的代价十分高昂，当时也引发了一些争议，但事实证明，福特公司成功进入了奢侈汽车市场，并取得了显著的业绩。

（二）功能性品牌、情感性品牌与体验性品牌

按品牌提供给消费者的核心价值的不同，可以将品牌分为功能性品牌、情感性品牌与体验性品牌。

1. 功能性品牌

功能性品牌通过独特的产品功能展现品牌产品的价值，并使这些特性与品牌建立起强有力的联系。例如，高科技产品大多以功能性方式进行品牌定位。一旦这种独特的功能被目标市场感知和认同，该品牌的功能性特色就会确立，为企业未来的发展带来持续的利润。

2. 情感性品牌

情感性品牌通过与消费者在情感层面的交流，树立品牌在消费者心目中的地位，强调品牌的情感利益点。例如，娃哈哈纯净水以情感打动消费者，从"我的眼里只有你""爱你就是爱自己"到"爱的就是你，不用再怀疑"等广告宣传语，均展现了典型的情感性品牌形象。如今，情感性品牌越来越受到企业的追捧，因为产品功能创新总是有限的，而人的情感复杂多样，因此情感性品牌的类别也非常丰富。例如，一些品牌可以表达对他人的爱慕（如情侣戒指）、尊敬、关爱（如舒肤佳）等情感。

3. 体验性品牌

体验性品牌通过让消费者获得身临其境的独特消费或购物体验，从而产生体验联想，进而建立品牌的形象和地位。体验性品牌通常出现在服务性行业，例如旅游观光的体验、商场超市或专卖店的购物体验、娱乐休闲场所的活动体验，以及教育培训中的免费试听活动。这些行业的服务提供者通过让消费者充分感受品牌的魅力来获得认可，并吸引潜在消费者的关注。体验性品牌较为集中的其他行业包括时装、化妆品、药品、汽车和餐饮等。

需要注意的是，品牌的核心价值分类并非对立关系，而是可以兼容的。一个品牌可以同时具备其中的两种或全部三种核心价值，但可能会有不同的侧重点。

随堂思考

请结合生活实际具体举例，谈谈功能性品牌、情感性品牌与体验性品牌分别有哪些，并列举实例。

（三）产品品牌与共有品牌

按照产品与企业之间的关系，可以将品牌划分为产品品牌与共有品牌。

1. 产品品牌

产品品牌仅与特定某种产品或某类产品相关联，消费者会将产品的某些特征（如口味、外观、触觉和使用体验等）与品牌本身联系起来。简单来说，产品品牌就是以产品闻名的品牌。几乎所有品牌在初期阶段均表现为产品品牌，例如海尔的电冰箱、长虹的 21 英寸彩电、娃哈哈的 AD 钙奶等原始产品，即最早以某产品名称命名的品牌。然而，大多数公司在其长期发展过程中，会转而选择共有品牌策略，或者将产品品牌与共有品牌组合应用策略。

产品品牌策略可分为两种模式：一种是个别品牌模式，又称"一品一牌"模式，即推出一种新产品的同时赋予其一种新的品牌名称。同时，该公司在同类产品中推出多种品牌以吸引更多顾客，获取更高的市场占有率。例如，宝洁公司在中国洗发水市场上先后推出海飞丝、飘柔、潘婷、沙宣、伊卡璐等品牌，洗衣粉则推出汰渍和碧浪等品牌。另一种是统一品牌模式，又称"一类一牌"模式，即在不同产品类别中使用不同的品牌。例如，卡夫食品公司在饼干市场上采用"卡夫"（Kraft），在啤酒市场上推出"米勒"（Miller），在饮料市场上推出"Tang"果珍。

2. 共有品牌

共有品牌是指一个品牌同时被用于多种密切关联的产品上，这样的品牌为企业的多种产品所共有，而不是仅与某种产品联系在一起。简单来说，共有品牌是以企业名称闻名为特征的品牌，又称企业品牌，例如华为、通用电气、西门子、松下等。通常，共有品牌所支持的产品系列在工艺、技术、营销等方面存在一定关联性。

共有品牌是由产品品牌及其延伸形成的。例如，海尔品牌由电冰箱起家，逐步延伸至各种家用电器，现在又向电子行业进军，如海尔电脑、手机等。然而，必须注意，如果将共有品牌扩展到某些无关领域，可能引发品牌危机，逐渐使品牌成为一种没有明确特征和核心竞争力的标签。品牌延伸需要受到原产品和核心产品类别的限制。

消费者在选择延伸品牌产品时，其联想过程通常经历以下路径：品牌延伸产品→品牌名称→品牌原产品→相关性判断→接受或拒绝尝试性购买。因此，在通过品牌延伸形成共有品牌时，需要谨慎对待所采用品牌的各种产品之间的相关性。例如，华为作为一家全球领先的信息与通信技术（ICT）解决方案供应商，其品牌不仅代表某一特定产品，还涵盖了智能手机、通信设备、企业业务等多个领域。这些产品虽然在功能和定位上各有差异，但都共享"华为"这一共有品牌。消费者在购买华为手机时，认可的不仅是产品的性能和质量，更是华为品牌所代表的创新、品质和专业精神。

3. 产品品牌与共有品牌的联系

产品品牌与共有品牌并非矛盾，企业可选择以下四种策略：只用共有品牌，不设产品品牌；只设产品品牌，不用共有品牌；共有品牌与产品品牌共同使用，共同开拓市场；某些产品使用产品品牌，某些产品则采用共有品牌与产品品牌的组合。上述四种策略在不同企业中均有应用，但从发展趋势看，后两种选择正日益成为主流模式。

事实上，若产品品牌与强大的共有品牌相结合，既能从共有品牌强有力的形象和认同中获益，又能保持自身的独特性，而产品品牌反过来还能增强共有品牌的可信度。目前，通用汽车公司、宝洁公司、联合利华公司等企业均采用这种组合模式。例如，联合利华在介绍产品后，总会展示公司标志及"有家就有联合利华"的字样。可见，产品品牌与共有品牌可以同时使用、相互支持。这一点与前文提到的大众品牌与贵族品牌以及后文将介绍的商家品牌与厂家品牌有显著不同。对于后者而言，这两者存在根本冲突，原则上不兼容。

最后，应注意，这种分类对企业选择品牌发展战略具有重要意义，尤其是在品牌命名、设计和传播方面更为关键。在现代品牌林立的市场环境中，新生企业如何集中宣传力量，在某些领域实现突破，更需对此加以深思熟虑。

（四）厂家品牌与商家品牌

从品牌所有权的角度来看，可以分为厂家品牌和商家品牌。

1. 厂家品牌

制造商品牌，即厂家品牌，是由生产制造企业拥有，并在其推出的各种产品上标注相应的品牌标识。长期以来，品牌建设一直是厂家深思熟虑的课题，也成为品牌研究者关注的焦点。在我国，制造商品牌的发展经历了一个逐渐成熟的过程：从无品牌生产到有品牌经营，再到以创新品牌为核心的品牌战略。

随着市场环境的不断变化和消费者需求的日益多样化，厂家品牌建设面临新的挑战和机遇。一方面，全球化趋势使品牌竞争不再局限于国内市场，而是扩展到全球范围。另一方面，数字化转型为品牌营销提供新的平台和工具。社交媒体、电子商务等新兴渠道的兴起，为品牌与消费者之间的互动创造更多可能性。

2. 商家品牌

商家品牌，又称销售商品牌或自有品牌，是指商家自己不生产制造产品，而是通过购买方式获得产品，并在产品上贴上商家自己的标记所形成的品牌。这种品牌类型最早出现在 20 世纪 20 年代英国的马狮公司（Marks & Spencer）。该公司的经营者敏锐地意识到，尽管厂家具备较强的生产技术能力，但其产品往往无法很好地反映顾客的需求。因此，他们决定自行开发新产品样式，然后寻找定点企业进行生产。产品生产完成后，再全部在自家零售店中进行销售。为了确保产品质量，商家通常很少更换生产厂家。

商家品牌的发展，不仅是对产品的一种包装和推广，更体现了商家对消费者需求的深刻理解。通过商家品牌，消费者能够更容易识别符合自身需求和偏好的产品，从而节省搜寻成本。同时，商家品牌赋予产品独特的个性和文化内涵，使得产品不仅在物质层面满足消费者需求，更为消费者提供精神上的愉悦和价值感。

3. 厂家品牌与商家品牌的差异

厂家品牌与商家品牌的差异主要体现在两个方面。

首先，我们探讨生产与销售方面的不同。厂商品牌通常涉及自主研发和生产，然后通过商家的营销网络进行销售。这意味着厂家掌控生产环节，但销售则依赖商家的合作。为了激发商家的进货积极性，厂家通常采用"拉动"策略，即先赢得消费者的青睐，从而推动商家进货。相比之下，商家品牌的运作模式有所不同。消费者与厂家之间没有直接联系，商家负责产品的开发、寻找合适的生产基地并采购全部产品，最后通过自身的销售网络将产品推向市场。

其次，价格上的差异也是两种品牌之间的显著区别。不同的价格策略为消费者提供了明显的对比。通常情况下，厂商品牌的产品售价较高，反映出其可能更注重满足个性化需求；而商家品牌则倾向于满足一般性需求。厂商品牌往往提供商家品牌所不具备的独特品牌附加价值，而商家品牌则更注重提供质量可靠的大众化产品。因此，厂商品牌的价格通常较高。此外，商家品牌在进货和销售环节的成本优势也是其定价较低的重要原因。

除了上述两种分类方式，品牌还可以按照影响地域范围的大小分为地区品牌和国际品牌；按照品牌产品在行业市场上的竞争地位分为领导型品牌、挑战型品牌、追随型品牌和补缺型品牌；按照知名度层次的不同分为驰名商标、著名商标、一般名牌、优质产品、合格产品和不合格产品；等等。

任务二　讲好品牌故事

案例 7-2

品牌个性——代表和提示功能性利益

品牌个性能够成为代表和提示功能性利益及品牌属性的工具。通过塑造个性来暗示功能性利益，比直接明确表明功能性利益的存在更加容易。同时，与功能性利益相比，攻击或模仿一种个性更为困难，因为个性的建立需要众多要素和较长时间，因此想要改变它并不是一件容易的事。

比亚迪成立于 1995 年，最初以生产二次充电电池起家。2003 年，比亚迪收购西安泰川汽车，正式进入汽车制造领域。经过多年的发展，比亚迪已成为全球领先的新能源汽车制造商和电池技术供应商。比亚迪的品牌个性可以概括为"创新、环保、科技、可靠"。比亚迪始终致力于技术创新，不断推出具有领先性能和创新功能的产品。在环保方面，比亚迪积极推广新能源汽车，为减少环境污染作出贡献。科技是比亚迪的核心竞争力之一，其在电池技术、电动汽车技术等领域拥有众多专利。"可靠"则是比亚迪对消费者的承诺，其产品质量和性能得到了广泛认可。2023 年，比亚迪成为全球销量第一的新能源汽车品牌，其新能源汽车销量连续多年位居中国第一。比亚迪的电池技术也得到了广泛认可，其刀片电池被多家汽车制造商采用。比亚迪还获得多项国际认证和奖项，例如"全球 500 强品牌""全球最具价值品牌"等称号。

在 21 世纪的信息经济时代，传播在品牌中的运用日益突出，"品牌传播"应运而生。本节解析了品牌传播的内涵、原则及相应的策略。

一、品牌传播的内涵

品牌传播是品牌战略的重要组成部分，也是品牌产品通过定位和形象设计后赢得消费者认可的重要途径。有效的品牌传播能够实现品牌与目标市场的精准对接，为品牌产品进入市场和开拓市场奠定坚实的基础。

1. 品牌传播的定义

品牌传播（Brand Communication），又称品牌沟通，是指企业通过品牌名称、符号等品牌形象设计，将品牌及产品核心价值信息通过广告、公关、营业推广、促销、人员推销等方式传递给目标消费群体的活动。品牌传播是品牌营销的主要手段之一。广告和公关是企业可选择的主要传播方式。品牌能否获得家喻户晓的知名度和较好的美誉度，使消费者在消费的第一时间产生联想，主要取决于品牌的传播力。

2. 品牌传播的环节

成功的品牌着眼于情感，能够及时发现并满足客户需求。企业应从生理需求、情感需求等方面促使消费者选择该品牌的产品，并产生较强的品牌忠诚度。成功品牌的品牌传播应准确分析产品和消费者的价值感知因素，挖掘消费者价值需求的切入点，与消费者达成心理共鸣，调动消费者的情感需求，促进消费者的购买积极性与主动性。

在品牌传播过程中，企业不仅要把握消费者选择产品的内在价值感知需求，还应通过广告宣传、促销等方式激发消费者内在的购买欲望，促成消费者的购买决心。这是品牌传播活动的基本出发点。通常情况下，在消费欲望未被激发时，消费者不会主动采取购买行动；但当消费者产生消费欲望时，他们不仅会购买，还会通过一些方式为自己的购买决定提供理由，以增强购买的信念。在现代媒体高度发达的社会中，企业施行品牌传播的工作环节如下。

（1）传播初始环节

在品牌传播的初始阶段，消费者对品牌价值的感知较为浅显，仅通过各种传播媒介获取相关产品的信息，尚未真正接触产品。在此阶段，品牌传播能否引起消费者注意是企业品牌传播的关键。因此，在品牌传播的初始阶段，企业应着力强化传播力度，以期获得较好的传播效果。

（2）实质接触环节

随着品牌传播的深入，品牌在消费者心中的印象逐渐清晰。此时，消费者不仅能够接触产品，还能感受到品牌的各种功能和特点，并主动选择消费产品。这时，企业品牌传播的着力点应放在唤起消费者的价值认知上，进而引发消费者对该品牌的购买热情。企业品牌传播的重点在于吸引消费者关注，并强化品牌被关注的程度。

（3）自我评价环节

产品经过使用后，消费者形成对品牌价值的体验，并能够对品牌的功能和特点作出评价。在这一阶段，企业品牌传播的目标是扩大产品的覆盖面，提高品牌的影响力。只有当品牌引起公众广泛关注并获得社会普遍认可时，企业的品牌价值才能从量变转化为质变。

（4）公众认同或淡化阶段

品牌传播的运作最终会出现公众认同和淡化两种不同的结果。一个质量好、传播效果佳、影响力强的品牌，能够为企业带来更广泛的顾客群体，使企业获得较高的经济效益和社会效益；反之，质量差、传播效果不佳、影响力弱的品牌，则会导致企业品牌逐渐淡化并陷入品牌危机，最终被市场淘汰。

二、品牌传播的原则

企业的品牌传播应遵循以下原则。

1. 围绕主线

品牌传播的主线是品牌的核心价值。品牌的核心价值是品牌的精髓，是品牌最重要的要素。因此，企业品牌传播的重点在于清晰勾勒品牌的核心价值，并全力维护和宣扬这一价值。围绕品牌的核心价值，加强有效传播，已成为国际一流品牌的共识，也是打造百年金字招牌的秘诀。例如，美团的核心价值是"以客户为中心，长期主义"，品牌理念是"吃喝玩乐，尽在美团"。美团长期坚持这一核心价值，不断推出新产品与服务，以卓越的客户体验和长期发展的眼光打造其便捷、可靠的品牌形象。

2. 统一性

如果品牌广告和促销活动缺乏统一的主线贯穿，它们将难以发挥最佳的传播效果。品牌传播活动要求企业将所有传播行为整合起来，形成一条连贯且闪耀的项链，从而产生聚集效应，这正是所谓的"项链定律"。以肯德基为例，作为世界上最大的连锁快餐店之一，它目前拥有超过 9600 家连锁加盟店。无论是在中国的北京，还是法国的巴黎，都能看到熟悉的肯德基餐厅。

3. 准确无误

品牌的传播活动要求企业准确无误地将品牌核心价值信息有效传递给公众。企业在品牌传播过程中，首先应了解品牌与目标群体之间的联系，再为品牌寻找价值感知的符号（如视觉或听觉方面的特征），塑造品牌良好的形象，使消费者产生期望，并获得心理上的满足。

在品牌形象设计及传播过程中，企业必须将品牌、产品和消费者有机地联系起来，并使包装、广告等信息载体能够与产品和服务同步对接，以实现品牌的高效传播。企业在传播品牌时应注重品牌特色，使消费者对品牌记忆犹新，产生品牌联想，从而提高品牌传播效益。

4. 多管齐下

品牌传播的方式多种多样，其核心在于将品牌形象融入所有传播工具中。企业可以运用整合营销传播的原理，通过广告、促销、公关等多管齐下的方式，将产品功能、特点等价值感知传递给消费者。例如，企业采用产品陈列、促销人员、终端 POP 展示、场地布置等宣传推广方式，可以有效提升品牌传播效果。

5. 持续性

品牌传播的目的在于提高品牌的知名度和认知度，使消费者产生品牌联想。企业需要持续开展品牌传播活动，因为品牌的持续传播能够更有效地提升品牌的知名度和市场竞争力。品牌的持续传播犹如修建大坝，要想经受住汹涌波涛的考验，必须不断堆土、加固，再堆土、再加固，如此周而复始。这被形象地称为品牌传播的"堆土理论"。

三、品牌传播的策略

品牌传播的策略主要包括集聚品牌传播策略、差异化品牌传播策略和整合营销传播策略。

1. 集聚品牌传播策略

集聚战略是著名产业竞争战略专家迈克尔 • 波特提出的 3 种基本战略之一。迈克尔 • 波特在《竞争战略》中提出了 3 种产业竞争的基本战略，即总成本领先战略、标新立异战略和目标集聚战略。将集聚战略运用到品牌传播策略中，就形成了集聚品牌传播策略。

（1）定义

集聚品牌传播策略是指企业设定一个单一品牌，将企业所有资源归属于该品牌之下，围绕这一品牌整合运用传播工具进行传播的策略。

（2）优点

有助于整合及优化企业的优势资源。品牌的创造并非一日之功，企业将一个普通产品培育为具有一定优势的品牌产品，需要耗费巨大的财力。集聚品牌传播策略的实施要求企业将所有资源和力量集中于一个品牌，精心呵护，确保该品牌的健康成长。正如投资专家巴菲特所言："把鸡蛋都放在一个篮子里，然后两只眼睛紧紧盯住它。"

有助于节省企业品牌设计和传播费用，增强品牌的竞争力。在信息嘈杂的传播环境中，企业要凸显品牌形象，需要投入大量传播费用。集聚品牌传播策略仅设定一个着力点，要求企业将"好钢"用在"刀刃上"。

有助于新产品的推出。企业利用自身树立的品牌形象推介新产品，容易赢得消费者对体验价值的感知，诱发"晕轮效应"；而消费者对该品牌先入为主的良好印象又能够缩短新产品的成长期，较快提高产品的市场占有率。

（3）缺点

"株连效应"可能破坏整体品牌形象。由于品牌旗下包含多个产品，一旦其中一种产品出现问题，就可能引发连锁反应，损害整个品牌的声誉和形象。以美国"派克"钢笔为例，它曾是优质和尊贵的象征，深受社会上层人士喜爱。然而，在 1982 年，派克公司的新任总经理为了抢占低端笔市场，将派克品牌用于仅售 3 美元的低档笔。这一策略不仅未能成功打开目标市场，反而导致派克在高端笔市场的份额下滑，最终使派克公司的销售额仅为竞争对手克罗斯公司的一半。

模糊品牌的核心价值和定位会稀释品牌资产。例如，中国的三九集团以"999"胃泰起家，品牌经营非常成功，以至于消费者将"999"胃泰视为胃药的代名词，达到了品牌定位所追求的最高境界。随后，三九集团将"999"品牌延伸到感冒灵产品上，鉴于其传播方向与健康主题相吻合，这种延伸容易被消费者认同。然而，倘若三九集团把"999"品牌延伸到啤酒销售领域，则可能使消费者感到困惑。因为酒喝多了会伤胃，这种品牌延伸的做法与最初产品"胃泰"的功效相抵触，反而会扰乱品牌的核心价值定位。

（4）基本原则

企业采取集聚品牌传播策略时应该遵循以下原则。

产品相关性是指集聚品牌下的各种产品之间应具有密切的相关性。产品的基本属性不应脱离品牌的核心价值及定位主张。

相同的服务系统是指不同品类的产品可以通过同一渠道推广。

技术相关性是指各种产品的技术属性应具有相关性，这有助于企业利用原有顾客的品牌忠诚度推广新产品。

（5）质量档次相当

质量档次相当是指各种产品在质量和档次上应基本保持一致，避免同品牌产品因质量和档次差异过大对企业销售产生不良影响。

2. 差异品牌传播策略

企业在发展过程中难免会受到高利润产品市场的诱惑。在这种情况下，企业需要在品牌传播策略的选择上策划与之匹配的传播方案，采用多层次、多维度的方式挖掘利润源泉。如果企业沿用集聚型品牌传播策略，在不同类型的市场中采用相同的传播方式，可能导致实际传播效果与既有品牌形象不一致。因此，企业应采用差异化的品牌传播策略。

（1）定义

差异化品牌传播策略是指企业针对不同的产品分别赋予不同的品牌名称和标识，并运用相匹配的传播工具分项传播品牌。例如，中国石化是一家大型国有企业，业务涵盖石油勘探、开采、炼制、销售等多个领域。旗下拥有"易捷""易派客""长城润滑油""爱跑"等优秀子品牌，并探索打造了"易能问地"（油气绿色高效开发解决方案品牌）、"善解"（可降解材料品牌）、"G（Green）树脂""抗菌树脂"等具备高技术含量、高附加值、高溢价力的品牌。这些品牌有效保护了品牌资产，凸显了品牌核心竞争力，形成了集团品牌与业务品牌良性互动的品牌架构体系。

（2）优点

差异化品牌传播策略可以帮助企业争取更多消费市场。由于企业各品牌之间存在利益点差异，即品牌能够为不同价值体验需求的消费者提供满足其特定需求的功能型或心理型利益，因此，企业可以在销售渠道上占据更多货架空间，从而获得更高的市场份额，并达到阻止竞争者的目的。如果产品实行品牌差异化策略，消费者更倾向于转换品牌。企业积极回应差异化策略的选择，就是向消费者传达各种不同品牌的体验价值效用，赢得转换品牌消费者的信赖，进而巩固和提升自身所占市场份额。

差异化品牌传播策略还可以促进企业内部品牌之间的正当竞合。中国华能是一家大型电力企业，业务涵盖电力生产、热力供应、煤炭开采、运输等多个领域。中国华能形成了创新品牌、技术品牌、人才品牌、项目品牌、文化品牌五个种类的子品牌，并先后孵化了华能睿渥、西热化学、西热利华等具有卓越行业影响力的子品牌。通过这些子品牌，中国华能在不同业务领域树立了专业形象，提升了品牌知名度和影响力。分清品牌识别和定位界限是这一战略得以成功的关键所在。这不仅保证了华能公司各品牌间竞争正当且高效，而且使竞争对手无机可乘。

（3）缺点

品牌差异化传播策略可能分散企业传播资源，增加品牌传播费用开支。尤其是在多个品牌同时面市的情况下，企业需要拥有足够的后备资源，才能逐一激活这些品牌。企业应进行深入市场调研，以了解消费者的独特需求，这对资源投入和时间消耗来说是一个挑战。此外，企业在市场调研、产品研发、生产和市场推广等环节的差异化可能导致整体成本增加。

各差异品牌之间的不协调可能损害品牌整体形象。理想情况下，各差异品牌之间应相互激励，形成良性竞争环境，这是企业策略设计的最佳状态。然而，在整体品牌结构中，某些品牌的运营低效不仅会耗费企业传播资源，还可能破坏企业品牌生态系统。因此，对于市场占有率过低、个性不鲜明、形象较差的不良品牌，企业应及时发现并果断撤销，以避免出现品牌自损现象，造成品牌价值损失。

> **随堂思考**
>
> 请具体举例，结合生活实际，谈谈汽车生产及销售领域，列举一个汽车品牌进行差异品牌传播策略的案例，并比较其实施成效。

3. 整合营销传播策略

整合营销传播（Integrated Marketing Communication，IMC）是 20 世纪 90 年代初提出的一种营销传播理论。为有效开展营销传播，企业需设计并发布广告，制定并实施销售激励方案；建立消费者信息数据库，并通过传播媒体向潜在消费者传递品牌价值信息；策划并实施公关活动，宣传和塑造公司形象；同时雇用、培训并激励销售人员。整合营销传播因此应运而生。

（1）定义

整合营销传播策略是以潜在顾客和现有顾客为对象，开发并实施说服性品牌传播多种形式的过程。整合营销传播的理论源于美国的市场营销学、传播学和广告学的研究，学界从不同角度对其进行了分析，其中最具代表性的论点源自美国西北大学整合营销传播教授唐·舒尔茨和美国广告代理商协会。他们认为，整合营销传播是企业统筹运用各种传播方式，并以最佳组合方式向特定目标群体传递基本一致的品牌价值信息，促进沟通的一种系统化传播活动。

整合营销传播的核心思想是围绕品牌发出统一的声音，综合运用各种营销传播工具，满足消费者对体验价值的需求。该理念主张营销即传播，市场营销通过对消费者的统一传播促进符合要求的交换，其最终目的是建立与利益相关者之间的良好关系。因此，整合营销传播改变了传统市场营销以交换为中心的观念。换言之，整合营销传播的本质是以关系为中心，旨在建立、维护和发展与消费者之间的长期关系。

（2）主要特点

整合营销传播策略作为营销传播策略的一种发展趋势，具有以下特点。

一是以现有和潜在消费者的体验价值为中心。

整合营销传播重视与现有和潜在消费者的沟通，以消费者的体验价值需求为核心，设计符合消费者实际体验价值需求的沟通模式和传播方式，从而实现更好的传播效果。

二是传播方式的多样性。

整合营销传播旨在让公众获取更多的接触信息，强调各种传播方式和手段的综合协调运用。通过广告、包装、公共关系、促销、人员推销、企业形象（CI）等传播工具的优化组合与配置，提升传播的影响力和有效性，从而增强消费者对品牌体验价值的感知。

三是传播信息的一致性。

为了确保传播信息的一致性，企业应依据统一主题和价值理念的要求，优化组合与配置传播内容，并在与目标受众的沟通过程中，使公众形成对品牌体验价值单一而清晰的信息认知。

四是传播活动的系统性。

整合营销传播是综合运用多种传播技术、方法和工具的复杂系统工程，强调传播过程中各种传播要素的协同匹配，旨在提高企业品牌传播的效果。

任务三　熟悉品牌竞争策略

一、品牌推广

（一）品牌推广的概念

品牌推广，又称品牌传播，是指通过一系列品牌与顾客之间的沟通活动在顾客心中建立预期的品牌知识结构并激发顾客反应。这是品牌营销的重要环节。具体来说，品牌推广是通过各种有效的传播方式和方法，例如广告、公关等，使品牌为广大消费者熟悉，从而提高品牌的知名度和美誉度，建立品牌忠诚度，为提升企业竞争力奠定坚实基础。

品牌推广包含狭义和广义两层含义。狭义的品牌推广是指品牌知名度的推广，尤其是以品牌名称作为整个品牌推广活动的开端。广义的品牌推广则涵盖与品牌资产形成相关的所有品牌营销活动。

（二）品牌推广方式与策略

品牌推广的方式，从传统角度看，大致可分为文化推广、广告推广、代言人推广和公共关系推广。这些方式在商业实践中使用频率较高，并且被实践证明是有效的策略。此外，随着社会经济以及营销理论的发展，品牌推广方式开始摆脱单向、静态和封闭的推广模式，逐步向双向、多变和开放的推广模式转变。这催生了体验推广、体育推广等诸多新的推广方式。这些方式适应物质产品极为丰富的新消费时代，逐渐被各企业接受。

1. 文化推广策略

通过将品牌与特定文化（如传统文化、流行文化、地域文化等）相结合，传递品牌价值观，建立消费者情感共鸣，这是一种有效的推广方式。其核心在于让品牌融入文化符号之中，成为文化的一部分。文化作为一种无形的存在，深刻影响社会中的每一个人和每一个企业，而人们往往在不知不觉中受到其熏陶。同样，每个组织都有其独特的组织文化，这些文化因素是组织在长期发展过程中逐渐积累并形成的，其外在表现即为品牌文化。如果企业能够适时推广并充分利用这些有价值的文化元素，必将对自身发展产生积极影响。

2. 公共关系推广策略

通过媒体关系、社会责任活动、事件营销等非付费传播手段，塑造品牌形象并提升公众好感度。这种推广方式通常注重长期信任建设，而非短期销售转化。公共关系涵盖政府关系、社区关系、媒体关系等多个方面，构成品牌组织在社会中的存在状态。品牌的发展与壮大自然会受到这些公共关系的约束与影响。因此，品牌组织不能被动等待公共关系改善，而是要主动出击，在对多种关系进行深入分析的基础上加以善用。

3. 广告推广策略

通过付费媒体（如电视、网络、户外广告等）向目标受众传递品牌或产品信息的推广方式。这一策略强调创意吸引力和精准触达。广告在生活中无处不在，是一种基本的推广手段。企业投放广告的目的是提升品牌知名度，强化品牌在消费者心中的形象，提高品牌美誉度，从而激发消费者的购买欲望，最终促使购买行为的发生。

4. 代言人推广策略

通过邀请名人、明星或KOL（关键意见领袖）担任品牌大使，利用他们的影响力迅速提升品牌的知名度和信誉。在当今的商业环境中，明星代言人的身影几乎无处不在，从高端豪华电器到日常的饼干食品。以华为选择刘德华代言其高端子品牌"非凡大师"为例，华为通过刘德华40年演艺生涯中"坚持与创新"的故事，传达了其"追求卓越"的品牌理念。在广告中，刘德华将个人经历与品牌精神相结合，强调科技与人文的融合。形象代言人不仅能够提升品牌的知名度，还能传递品牌精神，展现品牌个性，丰富品牌联想，加强品牌体验，并维护品牌风格，这些都是他们在产品推广中所具有的独特价值。

5. 体验推广策略

通过线下活动、沉浸式场景或互动设计，让消费者直接体验品牌价值或产品功能。核心在于"参与感"和"记忆点"。消费者在做出购买决策时，不仅会进行理性分析，还会经历情感交流。在品牌推广中，必须通过特定手段和方式，满足消费者独立探索和亲自体验的情感需求，为品牌创造独特价值，从而赢得消费者的认同和好感。体验推广正是这样一种营销理念，它致力于让消费者全面融入创造和消费体验的过程，满足消费者对消费体验的渴望，激发情感交流，进而增强产品的差异化，实现提升品牌形象和吸引力的目标。

6. 体育推广策略

体育推广是指品牌经营者借助体育活动与组织，通过获得相关的名义、许可、权利，提升品牌形象。作为一种特殊的推广模式，体育推广具有注意力集中、参与性强、到达率高、成本较低、针对性强的优势。体育活动已深入大众的日常生活，成为人们生活中不可或缺的一部分，占据极为重要的位置。这种策略特别适合与运动具有某种关联的商品。通过赞助体育赛事、球队或运动员，或围绕体育主题开展营销活动，以传递品牌精神（如拼搏、健康）为目标进行推广。

以上各种策略并非相互孤立，而是相互联系、互为补充的。成功的品牌推广必然结合品牌推广战略，根据不同的时间、地点差异，进行多种策略的有效组合，从而实现整合效果。

✅ 二、品牌创新

产品具有生命周期，品牌也可能因为缺乏创新和维护等问题而进入生命周期。两者的区别在于，品牌的生命周期具有较大的弹性，品牌可以通过及时、持续的创新防止老化，保持持久的生命力。

（一）品牌创新的内涵

创新理论的提出源于经济学家约瑟夫·A.熊彼特（Joseph A. Schumpeter）1912年出版的德文版著作《经济发展理论》。他认为，创新是企业实现对生产要素的新组合，包括引入一种新产品或提供一种产品的新用途，采用一种新生产方法，开辟一个新市场，获得一种原料的新供给，实行一种新企业组织形式。通过上述途径，企业能够将新知识、新技术和新观念导入管理活动中，从而促进企业的增长与发展。从创新理论出发，品牌创新的定义可表述为：企业依据市场变化和顾客需求，实行对品牌识别要素的新组合。品牌的每一个识别要素都可以作为品牌创新的维度来实施品牌创新。

站在消费者的角度看，品牌创新的核心是品牌的价值创新，即在一定的成本范围内，通过一系列创新，如改进产品品质、更新广告形象、完善服务等，为消费者创造更大的价值满足。只有这样，企业才可能留住老顾客、吸引新顾客，增加或占据稳定的市场份额，从而立于不败之地。

站在企业自身的角度看，品牌创新的目的是实现品牌形象的更新，即通过品牌创新保持品牌形象的前沿性、潮流性和时代性，以适应目标消费者的变化或既定目标消费者的心理需求，从而更有效地促进品牌与消费者之间的良性互动，持续赢得消费者的理解和青睐，确保品牌长久发展。

（二）品牌创新的原则

品牌创新的原则主要包括三个方面：一是从消费者的角度考虑创新，即消费者导向原则；二是从企业自身的角度考虑创新，即全面原则和成本控制原则；三是从创新的时机上看，即及时原则和持续原则。

1. 消费者原则

消费者原则是指品牌创新的出发点是消费者，创新的核心在于为消费者提供更大的价值满足，包括功能性和情感性满足。"消费者原则"是一切原则中的根本。忽略消费者感受的品牌创新注定没有前途。

例如，泡泡玛特通过盲盒经济与年轻消费者的情感共鸣，抓住Z世代对"惊喜感""收藏欲"和"社交分享"的需求，将传统玩具升级为潮流盲盒，融合IP与随机玩法。元气森林则以健康化需求驱动产品创新，针对消费者对"无糖""低卡"的健康需求，推出"0糖、0脂、0卡"气泡水，体验升级。其包装设计采用简约风格，贴合年轻消费者的审美，通过线下自动售货机和线上社群运营构建消费者圈层文化。

2. 全面性和成本性原则

品牌创新的全面性原则，其本质是一种"全面品牌创新"（Comprehensive Brand Innovation，CBI），是以品牌创造与品牌培育为核心的综合性一体化创新。它将创新纳入品牌运营的所有环节，通过有效整合和协同，形成系统性。在对品牌的某一维度进行创新时，往往需要其他维度同步创新配合，才能达到较好的效果。全面性原则可以增强企业内部整体系统的有机性，使创新后的品牌在消费者心中形成较为一致的品牌形象，避免因其他维度未及时创新而导致形象识别紊乱，从而强化新的品牌形象的说服力。例如，品牌的定位创新常常需要结合品牌的科技创新，而科技创新通常需要通过产品创新来体现。产品创新也经常要求广告等传播形式的创新。此外，还可能需要进行品牌的组织创新和管理创新。

成本性原则是指，任何维度的品牌创新都是有代价的，包括可能的巨额研发费用、营销费用、管理费用等。而且，随着市场竞争的加剧，这一代价呈现递增趋势。如果企业没有做好资源的优化配置，将大部分人力、物力、财力集中于某一品牌创新，虽然创新成功的结果可能具有极大的经济效益或社会效益，但创新仍有可能因资源不足而半途而废，甚至导致品牌遭受惨重损失。

根据成本性原则，企业在进行品牌创新时，一方面应该根据内外环境分析（如SWOT分析），结合自身实力进行适当的创新；另一方面，可以通过联合品牌战略减少风险、降低成本、提高收益。

3. 及时性与持续性原则

及时性原则是指品牌创新能够迅速跟上时代步伐，满足消费者对产品或服务需求的变化。创新不及时，产品或服务必将落伍，品牌也必然会老化。

例如，波司登作为国内羽绒服行业的领军品牌，近年来通过深度融合航天科技与服装制造技术，推出多款以航天材料和技术为核心的创新产品，其中最具代表性的是登峰系列与极地极寒系列。波司登联合南极科考队、国家登山队等科研机构，持续升级技术（如登峰2.0系列应用航天材料），突破传统羽绒服保暖极限，既快速响应消费者对功能性服饰的需求，又通过多年技术积累巩固"专业户外"品牌形象。近年来，消费者对羽绒服的诉求从基础保暖转向"科技感、专业性、场景适应性"。波司登登峰系列通过北斗定位系统（保障户外安全）和PCM智能调温材料（在极端环境中实现恒温）等创新，精准回应户外运动爱好者与极地工作者对"功能+安全"的迫切需求。

综上，消费者原则是品牌创新成功的前提，全面性原则和成本原则是品牌创新成功的保证，及时性与持续性原则是品牌创新的基本要求，也是品牌创新的意义所在。三者有机统一，缺一不可。

（三）品牌创新维度

品牌的创新维度总体上可以归结为三部分，即品牌的战略创新、营销创新和管理创新。

1. 品牌的战略创新

品牌的战略创新主要包括品牌的定位创新、标识创新和科技创新。

（1）品牌的定位创新

一般而言，品牌的核心价值确定后，不能随意变动。然而，消费者的需求和偏好并非一成不变。随着市场环境的变化以及企业自身经营状况的调整，品牌的定位策略也应随之更新，重新定位。

品牌定位创新通常发生在以下几种情况。

初始定位失误。 若某品牌的定位策略执行得当，成功在消费者心中占据一席之地，却仍未能实现营销目标，市场占有率与利润等关键指标均不尽如人意，此时失败的根本原因可能在于定位决策的深层失误。企业亟须审视并考虑品牌的重新定位。

品牌延伸的需要。 有些品牌在最初发展时，由于产品种类单一，品牌定位较为狭窄。随着品牌向更多类别产品的成功延伸，需对其进行重新定位。例如，中国娃哈哈集团的娃哈哈品牌最初定位为儿童营养品，并推出儿童营养液、酸奶等产品，广受市场欢迎，成为中国儿童营养品的知名品牌。随着娃哈哈向成人茶饮料、水饮料系列的延伸，娃哈哈集团决定对品牌定位进行创新，将其转向"中国饮品大王"。这一创新不仅扩大了市场份额，同时也提高了品牌知名度，为其最终的目标实现奠定了坚实基础。

产品进入衰退期。产品是品牌的载体。当产品进入衰退期，为了避免品牌随着产品的衰退而衰退，可以通过多种途径解决，例如进行产品的包装创新、服务创新、产品更新换代或营销创新。此外，还可考虑产品是否有其他新的用途，或者是否有可能开发出新的消费群体，通过用途重新定位或消费群体重新定位，使产品走出衰退，实现品牌的增值。

消费观念和消费行为的变化。消费者的消费观念和消费行为不会一成不变，品牌应及时创新以适应消费者心理需求的变化。必要时，品牌的核心价值也需重新定位。

例如，"金龙鱼"在发展初期的品牌定位是"温暖大家庭"。通过调查，他们发现一种新的消费模式首先以家庭为基础而被接受。因此，他们采用符合中国老百姓传统心理的红色和黄色组合，以富贵、喜庆的形象将家庭的温馨和亲情的浓郁这一理念根植于消费者心中。随着经济的发展和人民生活水平的提高，"健康"这一概念已成为消费者追逐的时尚。"金龙鱼"因此重新定位为"健康营养"，为品牌提供了巨大的发展空间。

（2）品牌的标识创新

纵观全球成功的品牌，尽管它们的名称各具特色，但都遵循"易于听闻、易于阅读、易于记忆、富有意义、便于传播"的"五好原则"。如果品牌在初期设计时考虑不周，导致品牌名称不利于传播，或者随着品牌的发展，现有名称无法充分表达品牌内涵，那么更新品牌名称就显得尤为重要。需要明确的是，品牌名称的更新不仅涉及名称字符的直接变更，还包括在保持名称字符不变的情况下，赋予其新的含义和解释。

（3）品牌的科技创新

在科技浪潮汹涌澎湃的今天，谁拥有新技术，特别是拥有新技术的研发能力，谁就可以形成品牌的"先发优势"，从而占领市场并掌握未来的主动权。因此，科技创新已成为品牌创新的支撑点和后盾，尤其对于高科技企业而言，更是如此。

恒洁作为中国卫浴行业本土品牌的佼佼者，其科技创新能力和市场表现均在业界得到广泛认可。恒洁在科技创新方面投入巨大，已拥有超过 6000 平方米的全品类创新研发中心，并获得国家 CNAS 实验室认证、国家水效实验室等诸多权威资质认可。公司掌握了包括恒流技术、AI 智导巡航清洗技术在内的两千多项核心专利，这些技术在新产品开发、专利布局、智能制造等多个方面均有所体现。恒洁与故宫宫廷文化等优质平台共同发起"新国货智造计划"，并跨界亮相国际时装周，打造了一系列有影响力的设计师活动 IP。与东方卫视《梦想改造家》、人民日报新媒体、新华书店等合作，推出"这空间很中国"空间改造项目，增强了品牌与用户的情感联结。恒洁卫浴作为中国卫浴行业的代表，通过持续的科技创新和智能制造升级，不仅提升了自身的品牌竞争力和市场影响力，还积极践行社会责任和可持续发展理念。其成功案例为中国品牌的发展提供了宝贵的经验和启示。

随堂思考

请具体举例，查找近年来我国进行科技创新的品牌有哪些。

2. 品牌的营销创新

品牌的营销创新主要包括产品创新、渠道创新及传播方式创新。

（1）产品创新

产品创新是品牌创新的基础，也是实现品牌创新的重要途径。产品创新主要包括产品品质创新和产品包装创新。

产品品质创新是指产品的开发和创造、产品质量的提高、产品性能的改善及产品品种的增加等多方面的创新。根据产品创新的方向，可分为后向创新和前向创新。

"后向创新"是指在运用新工艺的基础上，对老品牌加以改进、完善，使之适应当前市场的需要，无须调整或改变生产体系，只是通过对生产技术和工艺的改进而达到创新的目的。例如，"康师傅"在"绿茶"成功之后，又推出"低糖绿茶""蜂蜜绿茶""红茶""柠檬红茶"等产品，就属于此种创新。

"前向创新"是指创造出一种全新的产品，更加满足和适应市场的需求。例如，肯德基针对中国市场推出"榨菜肉丝汤""老北京鸡肉卷"等产品，就属于此种创新。

通过产品品质的创新，企业可以不断制造出差异性，减少品牌在增值过程中的障碍，为延长品牌的生命力和塑造强势品牌奠定基础。

产品包装创新是赋予品牌新形象最直观的手段。改变包装物的容积以及采用新的包装材料、包装技术、包装设计，既方便顾客，又改变品牌原有形象，还能起到无声的推销作用。

义乌市欧凯斯日用品有限公司通过印花垃圾袋的创新，将日常用品从功能性需求升级为情感化消费载体，成为传统制造业突破内卷、实现差异化竞争的典型案例。传统垃圾袋设计单一（多为黑色、白色、红色等纯色），缺乏辨识度与情感共鸣；点断式设计易撕裂，使用体验较差。该公司通过细分市场，将垃圾袋品类拆解至七八级类目，瞄准消费者对"颜值经济"和"情绪价值"的需求，推出兼具实用性与美学的创新产品。例如，推出小兔子、十二生肖、花草等印花设计，其中兔年系列垃圾袋以"萌趣"风格吸引年轻消费者，传递轻松愉悦的生活态度。通过电商平台展示，用户在购买垃圾袋时不仅关注功能，更被其美学设计所吸引。此外，添加艾草、桂花、山茶花等香氛，通过嗅觉刺激强化情绪记忆，将垃圾袋从"隐形消耗品"转化为"生活美学符号"。

（2）渠道创新

品牌及其竞争对手既是商品销售的渠道，也是展示商品的场所，因此在一定程度上可以通过渠道创新提升品牌形象。

品牌渠道的选择往往应以品牌定位为前提。以"零食很忙"和"赵一鸣"为代表的零食连锁品牌，在渠道创新方面采取多种策略，以应对电商冲击并提升传统零售效率。这些品牌通过优化门店布局、提升购物体验、强化供应链管理等手段，实现渠道的快速拓展和品牌形象的提升。一是门店体验创新。零食连锁品牌注重门店的购物环境和服务体验，通过提供舒适的购物环境和便捷的支付方式吸引消费者进店消费。同时，这些品牌还通过优化商品陈列和促销活动，增加消费者的购买欲望和满意度。二是供应链优化。零食连锁品牌通过集中采购模式降低采购成本，优化供应链流程，提高运营效率。这些措施不仅降低了成本，还提升了品牌的竞争力。

（3）传播方式的创新

品牌的定位创新、科技创新和产品创新需要通过传播方式的创新来体现，主要包括广告创新和在线营销创新。这种创新便于及时、准确地将品牌创新的信息和内容传达给消费者，赢得消费者的理解和信任。传播方式的创新不仅是实现品牌形象创新的简单而有力的工具，而且可以使品牌的"摊子"热闹起来，从而吸引消费者的眼球，保证消费者的持续关注，防止品牌老化。

3. 品牌的管理创新

品牌管理创新主要包括组织管理创新、人力资源管理创新和经营管理创新等。

组织管理创新旨在优化品牌内部的组织结构，提高决策效率和执行力。通过引入扁平化管理、项目管理等先进模式，品牌能够更灵活地应对市场变化，迅速响应消费者需求。

人力资源管理创新关注人才的引进、培养和激励。品牌通过提供良好的职业发展平台、完善的培训体系以及竞争力强的薪酬福利，吸引并留住优秀人才，为品牌的持续发展提供坚实的人才保障。

经营管理创新涉及品牌战略规划、市场营销策略和财务管理等多个方面。品牌通过制定科学合理的经营计划，优化资源配置，提高经营效益，保障品牌的稳健发展。

案例 7-3

李宁的品牌创新之路

李宁，作为中国体育界的标志性品牌，自 1990 年由体操冠军李宁创立以来，一直致力于成为中国乃至全球领先的运动服饰品牌。起初，李宁专注于基础运动装备的生产，以高品质和实用性赢得消费者认可。随着品牌的不断发展，李宁逐渐构建起独特的品牌形象和文化，成为连接中国体育精神与全球时尚潮流的桥梁。

品牌创新历程

初创阶段（1990—2000 年）：这一阶段，李宁品牌主要专注于产品的研发与生产，确保产品的质量和实用性。同时，通过赞助国内大型体育赛事及著名运动员，逐步树立品牌的知名度和市场地位。

品牌重塑阶段（2000—2010 年）：面对日益激烈的市场竞争，李宁意识到品牌重塑的重要性。在这一阶段，李宁通过加大市场营销力度、提升产品设计水平和优化零售渠道等措施，成功实现品牌的国际化转型。同时，通过与国际体育组织建立合作关系，进一步提升品牌的国际影响力。

文化融合与创新阶段（2010 年至今）：近年来，李宁品牌深刻认识到文化元素对品牌创新的重要性。李宁深入挖掘中华文化精髓，将中国传统艺术、文化符号等元素与现代运动潮流相结合，推出了一系列具有鲜明中国风的产品。这一创新策略不仅赢得了国内消费者的喜爱，还成功吸引了国际市场的关注。

品牌创新具体案例

（一）打造"中国李宁"系列

2018 年，李宁品牌正式推出"中国李宁"系列。该系列以"国潮"为核心理念，将中国传统美学与现代运动服饰设计相融合，通过运用古法蓝染技艺、宋代彩陶美学图案等传统文化元素，打造出既具有时尚感又富有文化底蕴的服装和鞋履。

"中国李宁"系列一经推出便受到市场的热烈反响。其独特的设计风格和深厚的文化内涵吸引了大量年轻消费者的关注与追捧。该系列不仅在国内市场取得巨大成功，还成功打入国际市场，为李宁品牌赢得更广泛的认可与赞誉。

（二）国潮跨界合作

李宁品牌积极寻求与国潮品牌及文化 IP 的跨界合作机会。例如，与故宫博物院合作推出联名款服饰，将宫廷元素与现代运动服饰设计相结合；与知名艺术家合作推出限量版鞋款，将艺术设计与运动性能相融合。这些跨界合作不仅丰富了李宁的产品线，还为消费者带来全新的购物体验。

跨界合作项目为李宁品牌带来了显著的市场效益。联名款产品和限量版鞋款在市场上供不应求，成为消费者争相抢购的热门商品。这些成功案例不仅提升了李宁品牌的时尚度和话题性，还进一步巩固了其在运动服饰市场的领先地位。

（三）数字化营销与电商布局

面对数字化转型浪潮，李宁品牌积极拥抱新技术和新模式。通过加强社交媒体营销、开展直播带货活动、优化电商平台运营等方式，李宁成功构建了全方位、多渠道的数字化营销体系。同时，利用大数据分析消费者需求和行为习惯，实现精准营销和个性化推荐。

数字化营销和电商布局为李宁品牌带来了显著的销售增长。线上销售额持续攀升，成为品牌业绩增长的重要驱动力。此外，通过数字化手段与消费者建立更紧密的联系和互动，李宁品牌成功提升了消费者的品牌忠诚度和满意度。

近年来，李宁品牌凭借持续的创新能力和敏锐的市场洞察力，在国内外市场上取得了优异的成绩。最新财报显示，2024 年上半年，李宁实现营业收入 143.45 亿元人民币，同比增长 2.3%；毛利率上升 1.6 个百分点至 50.4%，净利率达到 13.6%。同时，李宁品牌在国内外市场的知名度和影响力不断提升，成为越来越多消费者的首选品牌。未来，随着品牌创新能力的不断增强和市场的持续拓展，李宁品牌有望继续保持强劲的发展势头。

思考：李宁关于品牌创新的案例对你有何启发？

项目实训

近年来，智能家居行业迅速崛起。作为某智能家居品牌的营销部主管，面对智能家居市场的激烈竞争和消费者日益增长的个性化需求，请你针对公司的智能家居产品线，设计一份详尽的品牌传播策略方案。

项目八

营销新理念

学习指南

工作任务	掌握营销新理念	教学模式	任务教学法
建议学时	4 学时	教学地点	多媒体教室
学习目标	知识目标	1. 掌握绿色营销的概念 2. 理解绿色营销的意义和方法 3. 掌握新媒体营销的概念 4. 理解新媒体营销的方式 5. 熟悉新媒体营销的主要平台	
	能力目标	1. 具备新时代营销新理念的理解能力 2. 具备运用绿色营销策划的能力 3. 具备运用新媒体开展营销的能力	
	素质目标	1. 具备进取意识、规范意识 2. 具备创新意识	
关键词	消费升级；绿色营销；新媒体营销		

思维导图

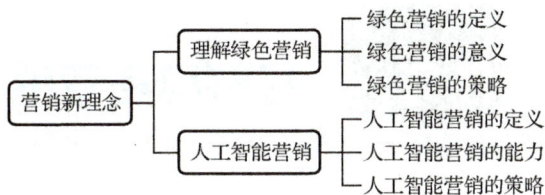

绿水青山就是金山银山

历史一再证明，没有"绿水青山"，再多的"金山银山"都会付诸东流。100多年前，恩格斯曾向全人类提出："我们不要过分陶醉于我们人类对自然界的胜利，对于每一次这样的胜利，自然界都对我们进行报复。"历史的事实也在佐证这一理论。18世纪中叶，英国率先兴起工业革命，出现了典型的"先污染后治理"模式；19世纪，美国经济发展迅猛，但随后洛杉矶等多个城市相继陷入空气污染的困扰；1930年冬天发生在比利时马斯河谷工业区的烟雾事件，导致一周内60多人死亡，成为20世纪最早记录的大气污染惨案；第二次世界大战后，日本工业飞速发展，经济迅速崛起，但工业污染和各种公害病泛滥成灾。

生态文明建设关乎人类共同命运，建设绿色家园是各国人民的共同梦想。中国正在推进的这场深层次、全方位的生态文明变革，不仅改变着中国，也为携手创造世界生态文明的美好未来、推动构建人类命运共同体作出贡献。

案例 8-1

鸿星尔克的爆火

2021年7月21日，河南暴雨成灾，社会各界伸出援手，各大企业也纷纷捐款捐物。作为国货品牌的鸿星尔克，捐赠了5000万元的物资驰援河南，并将这一消息发布在微博上。随着舆论的快速发酵，网友们纷纷调侃"都快要倒闭了还捐那么多"，并呼吁"大家多买点，多支持国货吧"，将鸿星尔克刷上了微博热搜。鸿星尔克就这样一夜之间爆红了。在这之前，鸿星尔克直播间的观看人数还不到1万，经过此次捐款事件后，鸿星尔克直播间高达800万人次。仅2021年7月23日这一天，鸿星尔克的销售额就增长了52倍，3个直播间累计销售额超过1.3亿元。销量的突然暴涨，让鸿星尔克发货都来不及，甚至连鸿星尔克的总经理都呼吁大家理性消费。

任务一　理解绿色营销

✅ 一、绿色营销的定义

绿色营销诞生于20世纪60年代，是在生产观念、产品观念、推销观念、市场营销观念和社会营销观念之后出现的一种企业经营活动指导思想。随着环境污染的加剧和环保意识的觉醒，绿色营销开始被广泛提及并逐渐被大众接受。绿色营销是指在绿色消费的驱动下，企业从保护环境、反对污染、充分利用资源的角度出发，通过市场调查、产品开发、产品定价、分销以及售后服务等一系列经营活动，满足消费者的绿色需求，同时实现自身盈利。绿色营销观念是一种新型的营销观念，企业在满足消费者需求、追求利润和自身发展的过程中，还注重保护自然环境，减少环境污染，保护和节约自然资源，维护人类的长远利益和可持续发展。其最终目的是保护消费者、企业和社会三方的共同利益。例如，星巴克推出的"随行杯"活动中，消费者购买饮品时，如果不使用门店提供的一次性纸杯，而是自带杯子，可享受减免 2 元至 4 元的优惠。

二、绿色营销的意义

1. 有利于满足绿色消费的需求

随着环境问题日益严峻，可持续发展理念受到社会广泛关注，消费者在消费过程中更加注重环境保护，倡导绿色消费。国家发展改革委、商务部等部门印发的《促进绿色消费实施方案》提出："到 2025 年，绿色消费理念深入人心，奢侈浪费得到有效遏制，绿色低碳产品市场占有率大幅提升，重点领域消费绿色转型取得明显成效，绿色消费方式得到普遍推行，绿色低碳循环发展的消费体系初步形成。"党的二十大报告提出"完善支持绿色发展的财税、金融、投资、价格政策和标准体系，发展绿色低碳产业，健全资源环境要素市场化配置体系，加快节能降碳先进技术研发和推广应用，倡导绿色消费，推动形成绿色低碳的生产方式和生活方式"。这既是扩大内需、满足人民日益增长的美好生活需要的重要举措，也是加强生态文明建设、推动经济社会高质量发展的必要路径。未来，我国绿色消费者群体将不断增多，消费者对环境保护和绿色消费的需求也将持续增长。

2. 有利于增强企业竞争力

随着人们生活水平的提高和环境保护意识的增强，以保护环境为特征的绿色消费正影响人们的消费观念和消费行为，并成为一种新的时尚。世界各国也正在掀起一股绿色消费高潮。面对消费者的绿色意识，企业及企业家必须及时转变经营观念，开展以绿色生产、绿色消费、绿色环保为核心的绿色营销战略。企业通过绿色营销，为消费者提供绿色产品，满足消费者的绿色需求，可以扩大市场占有率，提升企业的市场竞争力，使企业立于不败之地。同时，绿色营销让企业将自身发展与资源整合相结合，强调将有限的自然资源运用于人类社会环境改善中，有利于提高资源利用率，树立企业良好形象，并提升企业经济效益。

3. 有利于社会可持续发展

党的二十大报告中指出，大自然是人类赖以生存发展的基本条件。尊重自然、顺应自然、保护自然，是全面建设社会主义现代化国家的内在要求。必须牢固树立和践行绿水青山就是金山银山的理念，站在人与自然和谐共生的高度规划发展。

我们要推进美丽中国建设，坚持山水林田湖草沙一体化保护和系统治理，统筹产业结构调整、污染治理、生态保护、应对气候变化，协同推进降碳、减污、扩绿、增长，推进生态优先、节约集约、绿色低碳发展。

案例8-2

蒙牛乳业的绿色营销

1. 绿色产品策略

第一，针对不同的绿色需求，蒙牛乳业进行了详尽的区分，以不同顾客呈现的多样化绿色需求为参考，对市场进行细分，并进行绿色产品定位，开发相应的绿色产品。蒙牛自成立以来，已经形成多个产品系列，并拥有多个知名品牌，广大消费者耳熟能详的有特仑苏、酸酸乳等。这些不同的产品和品牌系列满足市场上大部分消费者的不同需求。

第二，在包装材料的使用上，蒙牛从包装细节入手，采用一种新的手工编织环保材料代替包装盒的塑料提手，并实施"用纸代替塑料"的策略，以减少包装材料中无法在自然界降解的物质总量。蒙牛使用再生纸包装，优先从利乐、康美、芬美等供应商中采购包装材料，所有包装材料均经过相关认证，可以实现100%回收循环利用。蒙牛还积极倡导"有偿包装回收"的理念。在这一理念的指导下，多台RVM包装回收机被放置在多家超市的终端。消费者只需放入指定数量的包装，就可以获得回收凭证、蒙牛活动门票等回馈赠品。

第三，在奶源管理方面，蒙牛采用科学方法对奶源基地的环境容量进行专业测算，在不影响周围居民生活的前提下，充分利用环境容量，实现人、奶牛与自然环境的和谐统一。对于乳业生产来说，奶源基地的选择至关重要。对于蒙牛而言，奶源基地的选择和建设是企业规划的重中之重。基于这一重点，蒙牛将自有牧场建设列入重点建设项目名单并付诸实施。在这一措施实施后，牛奶品质也得到了进一步提升。蒙牛还从前端加强对奶源的管理，将对奶牛的管理向前延伸至以下三个环节：种植、用药、育种。

2. 绿色价格策略

第一，渐取定价法，亦称市场渗透法，是蒙牛在成立之初定价方面的首选方法。蒙牛在成立初期，以相对较低的产品价格打入市场。这种做法的代价是短期内牺牲高毛利，但后来的事实证明，这种方法成功加速了企业的初期发展，使蒙牛的销售量和市场占有率不断攀升，最终促进了成本和价格的降低，在一定程度上实现了绿色定价。

第二，竞争对手的产品定价是蒙牛时刻关注的重点之一。蒙牛根据竞争对手的定价及时调整自身产品的价格。价格优势往往是企业赢得市场竞争的关键，因此蒙牛在定价上不仅需要考虑成本等因素，还要关注竞争对手的价格。

第三，蒙牛在定价时也考虑了消费者的承受能力，因此将自身产品的定价分为多个层次，以满足不同收入群体的多元化需求。

3. 绿色渠道策略

在线下销售渠道方面，诸多国内外大型连锁超市的绿色专柜里都少不了蒙牛的产品。同时，在各中小便利店中，蒙牛的产品也随处可见。在线上销售渠道方面，自从电商在国内普及之后，蒙牛迅速跟上时代潮流，在天猫商城、京东商城开设旗舰店，还与中国航天进行战略合作。与上海迪士尼度假区的官方合作也备受业界称道，为博鳌亚洲论坛提供乳品也获得了较好的口碑。蒙牛凭借自身过硬的品质和绿色的销售渠道，赢得了中国市场乃至世界市场的广泛认可。

4.　绿色促销策略

广告是企业尤为重视的一种促销方式，这里以蒙牛特仑苏广告为例。在特仑苏的广告中，全方位呈现了特仑苏牧场的纯天然绿色景象，给消费者带来亲切、真实的感受。广告画面具有让消费者如同身临其境的真实感，使特仑苏牛奶深深赢得广大消费者的青睐。时至今日，其经典广告词"不是所有牛奶都叫特仑苏"早已在广大消费者的脑海中留下深刻的印象。

（资料来源：企业研究）

三、绿色营销的策略

1.　绿色产品策略

在产品研发方面，企业的研发部门在根据消费者需求研发产品时，首先要甄别消费者的需求是否属于绿色需求，以及该需求对自然环境是否会产生危害。其次，要考虑该产品在生产和消费过程中可能对自然环境造成的影响。这些影响应在产品设计阶段充分考虑，以将环境污染在设计环节降至最低限度。即便无法完全根除污染，也应考虑产品消费后的污染治理措施，并以环保理念进行产品设计。

在产品生产方面，应采用无污染的设备和技术，降低资源消耗，减少对环境的污染以及对产品本身的污染。确保产品在消费过程中有助于保护消费者的身心健康，同时减少对环境的破坏和污染。

在产品包装上，应选用能够节约资源、减少废弃物、用后易于回收再用或再生、易于自然降解且不污染环境的包装材料。这要求企业在包装产品过程中既要努力降低包装费用，又要考虑包装废弃物对环境的污染程度，不断研制、开发和使用新型的绿色包装材料。探索一条"绿色包装"的新路子，有利于突破新贸易保护主义利用包装为我国设置的绿色壁垒。

绿色标志是指依据有关绿色产品认证标准规定，由政府部门或某个具有权威性的认证机构确认并颁发的一种标志（如图 8-1 所示）。企业产品被确认为绿色产品并贴上绿色标志后，就取得了进入绿色市场的"通行证"，其身价大增。需要注意的是，绿色产品必须货真价实，否则会损害企业形象，影响企业的可持续发展。

图 8-1　国家市场监督管理总局发布的绿色产品标志

2.　绿色价格策略

绿色产品在开发研制过程中因环保投入的增加，其成本高于普通产品。这类产品具有较高的技术含量和环保价值，同时有益于消费者的身心健康，因此价格可以定得高一些。以绿色食品为例，芬兰政府允许其价格比一般食品高 30%，日本则允许高出 20% 左右。曾有一份全球性的调查报告显示，66%的英国消费者愿意支付更高的价格购买绿色食品，80%的德国消费者和67%的荷兰消费者在购物时会考虑环境问题，有77%的美国消费者愿意为绿色包装多付钱，而且这部分消费者的比例正在日益扩大。可见，绿色产品备受青睐。随着我国人民生活水平的逐步提高，环保意识的逐渐增强，绿色消费和绿色产品开发将成为21世纪最具前景的一种大趋势。

3. 绿色渠道策略

营销渠道是绿色产品从生产者转移到消费者所经过的通道。企业实施绿色营销必须建立稳定的绿色营销渠道。

（1）慎重选择中间商

中间商是生产者向消费者出售产品时的重要环节，是沟通生产者与消费者的桥梁，在产品分销过程中起关键作用。企业在选择中间商时，应优先发现和选择热衷环保事业的营销伙伴，启发和引导中间商的绿色意识，建立与中间商互利、互惠、共赢的合作关系，逐步形成稳定的绿色营销网络。

（2）注重营销渠道相关环节的工作

为了真正实施绿色营销，从绿色交通工具的选择、绿色仓库的建立，到绿色装卸、运输、储存及管理办法的制定与实施，都需要认真做好绿色营销渠道的一系列基础工作。

（3）注重渠道建立

尽可能建立短渠道和宽渠道，以减少渠道资源的消耗，降低渠道费用和绿色成本。

4. 绿色促销策略

绿色促销的主要手段有以下几方面。

（1）绿色广告

首先，在广告创意上要坚持绿色环保理念，设计出符合社会道德规范，具有真实性、思想性、艺术性、科学性和信息性的广告，避免广告内容出现庸俗、低级、浅薄或失真的现象。其次，要选择环保的广告媒体，优先选择那些在广告受众中享有一定社会声誉、勇于承担社会责任、敢于实事求是的媒体。通过广告对产品的绿色功能进行定位，引导消费者理解并接受广告诉求，营造绿色营销氛围，激发消费者的购买欲望。

（2）绿色推广

通过营销人员的绿色推销和营业推广，直接向消费者宣传、推广产品的绿色信息，讲解、示范产品的绿色功能，回答消费者的绿色咨询，宣讲环保主义，激发消费者的消费欲望。同时，通过试用、馈赠、竞赛、优惠等策略，使消费者产生消费兴趣，促成购买行为。

（3）绿色公关

企业通过一系列开放性公关活动，使社会公众与企业广泛接触，了解企业在供、产、销各环节的绿色作业程序与制度，增强公众的绿色意识，树立企业的绿色形象，为绿色营销建立广泛的社会基础，促进绿色营销的发展。

案例 8-3

美团单车：开展"一人骑行减碳一吨"行动

"地球停电一小时"当天，美团单车发起了"一人骑行减碳一吨"行动，呼吁大众短途骑单车出行。美团单车以数据可视化的形式让大众实时看到低碳行为带来的成果，使用户能够随时查看自己的骑行减碳贡献。而且，在规定期间内减碳达到 1 吨的用户，美团将以其名义向山区捐赠用废旧轮胎制成的篮球场。活动延续到地球日当天，美团单车还发起"比心地球低碳骑行"挑战赛，骑车可获得"低碳成就"证书。美团单车通过将用户的低碳出行贡献量化呈现、设置目标达成奖励的活动，充分满足了用户的成就感，有效激励大众持续行动。同时，活动充分结合了平台资源，在传递品牌社会责任感的同时，也实现了宣传产品（单车）和推广健康低碳生活方式的目的。

案例 8-4

开展"地球情书"活动，在柴米油盐中致敬环保

植树节前后，擅长讲故事的方太开展了以"地球情书"为主题的环保活动，携手代言人陈坤发布了《地球情书》的 TVC。影片主要以陈坤的视角讲述了三个地球守护者的感人故事，分别是：黄沙上的一对夫妻奉献自己的一生去治沙造林；湿地中的护鸟人不惧危险与偷鸟贼对峙；织女不因金钱利益动摇，坚持用天然的方式染料。这部影片通过讲述个体鲜活的故事，自然融入方太厨电节能环保的卖点，生动地传达了方太的环保价值观，具有真实和亲切感，更容易让大众接受方太树立的环保形象。另外，方太还联合多个品牌书写"告白地球的 100 句情话"，发布了一组海报。每一张海报都聚焦于环保主题，结合品牌特点推出了三行情话表白地球，既呼吁大众环保绿色生活，也体现了品牌的环保属性。而除了联合各大品牌扩大活动声量外，方太还面向全网征集"告白地球的 100 句情话"，充分调动了大众的参与度。

案例 8-5

荣耀：环保不应只是态度

在世界环境日到来之际，荣耀对外发布了环保工作最新进展，包括采用大豆油墨印刷、移除有害物质、遵循环保标准、创建专业回收方案四部分，这是荣耀公司首次披露为保护地球所做的工作，也让行业看到了更加系统的环保到底是怎么做的，更是让消费者看到了荣耀身为大品牌的社会责任感。

思考：结合以上案例，这些品牌如何进行绿色营销？

任务二　人工智能营销

一、人工智能营销的定义

人工智能营销是在人工智能的基础上，通过机器深度学习、自然语言处理以及知识图谱等相关技术，对品牌定位决策、用户画像、智能内容管理、个性化推荐、智能测试、智

能 CRM 等营销关键环节进行赋能，优化营销策略，提升营销效果，挖掘更多创新的营销模式和商业场景。其核心是帮助营销活动节约成本并提高效率。商务部国际贸易经济合作研究院提出，智能营销通过机器学习对营销关键环节赋能，优化投放策略，提高客户针对性，本质上是帮助营销人员节约成本、提高效率。在贺爱忠、聂元昆主编的《人工智能营销》一书中提到，人工智能营销是指企业以人工智能为基础，为顾客、客户、合作伙伴创造、传播、传递和交换价值的一系列活动、制度和过程的集合。基于以上研究，本书将人工智能营销定义为：人工智能营销是指依靠人工智能技术，满足消费者需求，降低企业营销成本，提升企业利润的方法。

案例 8-6

DeepSeek 爆火对营销的影响

2025 年 1 月 20 日，DeepSeek 发布开源推理模型 DeepSeek-R1，其性能超越 OpenAI 的 O1 模型，并迅速登顶各大应用商店的下载榜。DeepSeek 的爆红让人工智能走入大众视野。围绕 DeepSeek 也衍生出许多应用场景，比亚迪、吉利、华为等多家车企宣布与 DeepSeek 深度融合，以提升智能座舱能力；华为、小米、OPPO 等手机厂商接入 DeepSeek-R1，优化语音助手和 AI 功能。与此同时，人工智能也开始赋能传统营销领域。在客户关系管理方面，企业可以利用个人客户信息和人工智能技术为客户策划产品和服务，并通过人工智能在个性化营销中提供精选的产品和内容，设计短期营销策略，同时提升长期品牌建设和客户关系管理能力。在销售流程方面，人工智能可以分析消费数据，为消费者的购买潜力评分，并升级评分机制。销售人员还可以结合自己的经验和直觉，对人工智能生成的客户列表进行二次评估。在广告设计和投放方面，以算法为核心的数据平台能够优化广告创作和投放效果。

二、人工智能营销的能力

针对现有的应用场景和营销方式，人工智能营销的能力主要包括以下四个方面。

1. 精准洞察用户并预测用户行为

人工智能能够对大量用户数据进行快速分类和处理。根据用户以往的消费数据，人工智能营销可以迅速建立用户样本库，精准识别目标用户的消费需求，并通过深度学习追踪用户行为和习惯变化，预测用户购物行为趋势。

2. 快速生成内容创意

人工智能可以对已有的大量素材进行整合和分析。在短时间内，人工智能营销可以根据活动内容生成多种形式、多种主题的营销创意。例如，AI 可以生成数字人进行直播或制作产品介绍短视频。

3. 全时全场景的服务

基于移动设备与物联网的布局，人工智能营销能够每周 7 天、每天 24 小时全时段渗透用户的虚拟世界及现实世界中的个人、家庭、公共场景，如健康场景、母婴场景、睡眠场景等，为用户提供更智能、更便捷、更贴心的营销服务。人工智能营销还可以为用户提供高匹配、低干扰、"千人千面"的营销内容和服务。例如，智能客服可以全天候在线，解答客户的各种疑问。

4. 智能监测与评估优化

人工智能营销凭借庞大的数据库，可以及时、精准地识别营销投放效果。它能够从多个方面对后续用户行为进行跟踪分析，以判断是否存在人为的"刷单行为"，并对虚假流量进行反制，打破产业链角色间在营销效果方面的信息壁垒，为营销主体有效节约投放预算，提升品牌宣传效率和效果。例如，人工智能营销可以通过分析用户访问时间、访问地址、IP 地址、网络接入方式、跳出率、访问路径、访客重合度等数据，检测营销效果。

三、人工智能营销的策略

依据 4P 营销理论，人工智能营销的策略主要包括以下四个方面。

1. 人工智能驱动产品创新

人工智能为消费者带来了全新的产品和内容。

一方面，人工智能可以通过长期监测市场走向，挖掘和预测市场的潜在需求，完成产品的创新设计。例如，专为残障人士开发的音书 App 就是一款运用人工智能技术满足特定消费群体需求的创新产品。它集合了语音识别、语音合成及语音测评等技术，使产品具有字幕功能、语音功能及拨打电话功能。

另一方面，在移动互联网时代，用户越来越注重内容消费，这就催生了内容付费模式，如知乎提供高质量问答社区、小红书记录美好生活等。在内容产品中，用户生产的视频、图片、语音、文字等，通过生成的内容与不同的人群建立特定的联系，而内容则作为人与人之间信息传递的价值链。人工智能的发展也为人类创造了全新的内容产品，如人工智能下棋、人工智能作诗、人工智能写歌、人工智能绘画等，为人们提供了全新的思路。诸多人工智能创造的具有商业红利的新内容产品在一定程度上科技化、多样化了用户的消费生活与消费方式，在多个领域的智能产品系列中满足个性化需求，提高服务质量。

2. 人工智能优化产品定价

与传统定价相同的是，人工智能个性化定价的根本逻辑依然是通过顾客数据对顾客进行细分，从而针对性地制定产品价格策略。不同之处在于，这一过程由计算机完成，并且数据获取的手段、消费者细分的标准和价格制定的方法也有所不同。人工智能定价的工作可以分为以下几个方面。

（1）数据收集

消费者的个人信息数据是人工智能算法分析的基础。可收集的数据包括消费者的个人特征、购买历史、消费水平、比价习惯、IP 地址、产品浏览足迹，以及储存在用户本地终端上的数据等。

（2）选择算法模型进行分析

一方面，需要考虑的问题是消费者的构成、偏好和行为，这些可由收集的数据进行刻画，这部分的分析相对较为静态。另一方面，消费者的行为并不是完全理性的，这会对分析造成干扰。例如，光环效应、网络效应、诱饵效应以及受部分社会事件影响等。但这并不意味着其中没有规律，依然可以通过建立算法模型刻画消费者的部分非理性行为。将以上两个部分的算法进行有机结合，可以得到最终的消费者行为刻画。此外，还需要考虑算法模型的选择，即针对不同消费者在不同时间使用不同的算法模型。

（3）提供价格策略

人工智能算法定价的目的是给出消费者最大支付意愿的价格。然而，实际情况可能会受到诸多限制，比如竞争企业的价格机制、非人工智能定价企业的价格、政策管制等。因此，算法需要综合考虑以上问题，给出定价方案。

（4）进行算法的调整优化

人工智能算法并非一劳永逸，需要随着环境、市场、消费者的变化不断更新迭代，形成数据收集、决策建立、反馈处理、数据集更新以及算法优化的闭环。

定价算法的运行过程可以分为三个步骤。

- 通过大数据收集消费者的个人特征信息，如年龄、地区、职业、收入、学历、上网痕迹、消费习惯、个人偏好等，并据此生成对应个人的消费者画像。
- 根据收集到的消费者信息，运用价格算法推测用户的最大支付意愿，从而向用户推荐不同价格的个性化商品。
- 制定一个对不同消费者定价不同的合理、合法的价格歧视机制，例如提供间接的个性化折扣、特定产品组合优惠或新用户优惠券等。

3. 人工智能创新渠道模式

人工智能在货架管理与场景塑造的运营中，让无人零售成为可能。无人超市、无人便利店、自动贩卖机及开放货架是目前最主要的几种无人零售业态。2017—2020年，我国无人零售市场实现了 50.9%的复合增速。目前，无人零售技术具体可划分为两大类：①应用于无人收银场景的二维码及 RFID 技术，这有助于收银结算效率的有效提升；②有助于购物体验提升的人工智能技术，该技术在无人零售业态中的广泛普及使企业人力成本大幅降低，运营效率显著提升。

4. 人工智能赋能精准促销

人工智能的出现让自动化促销成为现实。自动化促销通过软件和技术，简化并自动化促销任务与流程，将促销过程中原本需要人工执行的策略（例如邮件营销、社交媒体发文、广告投放及短信通知等）交由机器自动化处理，并不断优化。这种方式提升了促销线索全生命周期管理的自动化水平，使促销投资回报率更易衡量，最终推动企业促销工作的快速发展。

自动化促销的主要能力包括以下内容。

- 自动识别并追踪多渠道潜在客户，自动化提供有价值的内容，快速建立客户对品牌的信任与认可。
- 细分用户群体，根据客户群体量身定制个性化内容，实施精准的个性化触达策略。
- 识别更感兴趣、更具转化潜力的用户，并将其交给促销团队，快速将促销线索转化为实际客户。
- 提供细分渠道节点分析功能，使促销阶段的成效易于衡量。
- 简化企业重复性的促销任务并实现自动化执行。

技能训练

以小组为单位，深入所在城市的一家企业进行调研，收集该企业的基本情况、人工智能营销的实际应用案例，并为该企业提出有效开展人工智能营销的建议。